u i t

rlour

chnics

フルーツパーラー・テクニック

カッティングと 盛り付けと デザートと 役立つフルーツ図鑑

タカノフルーツパーラー 著

柴田書店

はじめに

フルーツは太陽、大地、雨や風など、自然の恵みをたっぷりと受けて、
生産者の方々による努力と技術によって生み出された地球の宝物です。
新宿高野は、1885年創業以来フルーツを取り扱ってまいりました。
そして、店頭で陳列されているフルーツをすぐに召し上がりたいという
お客様のご要望により、1926年に「タカノフルーツパーラー」が誕生いたしました。
私どもは長年、果物を"美しく""おいしく""食べやすく"
ご提供してまいるために、さまざまな取り組みをしてきました。
フルーツの適切な熟度、おいしい食べごろの見分け方、華やかに見せる
カッティングや盛り付け方、ちょっとしたアレンジでおいくなる食べ方の研究など、
フルーツ一筋に歩んでまいりました。
そしてこの度、フルーツとともに歴史を重ねてきた私どものノウハウを
読者の皆様へお伝えしたく、一冊の本にまとめました。
この本では、タカノフルーツパーラー新宿本店、フルーツクチュリエ*森山が、
フルーツの魅力・技術をわかりやすく丁寧に紹介させていただいております。
フルーツはナイフ1本で、食べやすくおしゃれに変身します。
四季折々のフルーツの旬の味わいを、五感でお楽しみいただけるように
スタッフ一同心を込めて、1年がかりで仕上げました。
毎日の生活の中にフルーツを取り入れていただき、その色や形、芳醇な味わいを
心ゆくまでお楽しみいただいて、心豊かで癒される毎日が送れますように、
ぜひこの本を身近に置いていただければと、願いを込めて贈ります。

* 「フルーツクチュリエ」とは、タカノフルーツパーラーにおける、フルーツスイーツのスペシャリスト。
フルーツの旬や熟度、品質を見極め、フルーツの魅力を最大限にいかしたスイーツに仕立て、
お客様に提供する職人のことです。

はじめに 3

フルーツ別カッティング 8

カッティングをはじめる前に 9
フルーツを知る
カッティング
盛り付け
フルーツカッティングに必要な道具

オレンジ 12
グレープフルーツ 20
その他の柑橘 25
レモン・ライム 27
キンカン 31
メロン 32
スイカ 40
イチゴ 44
ベリー 47
キウイフルーツ 48
パイナップル 52
マンゴー 58
パパイヤ 62
リンゴ 66
ナシ（和ナシ）74
西洋ナシ（洋ナシ）77
モモ・ネクタリン 82

プラム（スモモ）85
カキ 88
アケビ 92
ビワ 93
イチジク 94
サクランボ 97
ブドウ 98
アボカド 102
バナナ 105
ザクロ 106
スターフルーツ 107
ドラゴンフルーツ（ピタヤ）108
マンゴスチン 109
パッションフルーツ 110
チェリモヤ 111
キワノ 111

フルーツを盛り合わせる　112

2種のフルーツを盛り合わせる
スイカとメロン　113
スイカとマンゴー　113
マンゴーとモモ　113
オレンジとキウイ　114
ブドウとイチジク1　114
ブドウとイチジク2　114
グレープフルーツとキウイ　115
カキとリンゴ　116
カキとブドウ　116
メロンとイチゴ　116

3種のフルーツを盛り合わせる
モモとネクタリンとスイカ　117
メロンとグレープフルーツとイチゴ　118
パパイヤとキウイとオレンジ　118
和ナシとブドウとザクロ　118
西洋ナシとブドウとカキ　119
パイナップルとキウイとイチゴ　119
晩白柚（ばんぺいゆ）と
　グレープフルーツとみかん　119
パイナップルとスイカとキウイ　120

パーティやビュッフェのための
　盛り合わせ　121

季節の盛り合わせ
春の盛り合わせ　122
夏の盛り合わせ　122
秋の盛り合わせ　123
冬の盛り合わせ　123

パーティのサプライズプレート
ボールのフルーツで　124
キューブのフルーツで　124
フルーツを敷き詰めて　125

フルーツデザート　126

シンプルなデザートにフルーツをプラス
アイスクリーム（バニラ）にプラス　127
ヨーグルトにプラス　127
ゼリー（コアントロー）にプラス1　127
ゼリー（コアントロー）にプラス2　127
ワッフルにプラス1　128
ワッフルにプラス2　128
シフォンケーキ（イチゴ）にプラス　129

人気のフルーツデザート
モモのパフェ　130
イチゴのパフェ　131
ネクタリンのパフェ　131
マンゴーのパフェ　131
イチジクのパフェ　134
ブドウのパフェ　134
フルーツポンチ　135
プリンアラモード　135
フルーツトライフル　135
フルーツコンポート1　138
フルーツコンポート2（皿盛りにして）　138
フルーツ蜜豆1　138
フルーツ蜜豆2（皿盛りにして）　138
フルーツサンド　139
フルーツケーキ　142
フルーツロールケーキ　143

ジュース
オレンジジュース　146
イチゴジュース　146
パパイヤジュース　146
キウイジュース　146
ドラゴンフルーツジュース　146
スイカジュース　146

紅茶
シャリマティー 147
エベレストティー 147
アイスカリフォルニア 147

フルーツパーティ 148

フルーツ重で祝うお正月 149
フルーツ散らし寿司
カットフルーツ盛り合わせ
マンゴー巻き
　（メロン、スイカ、和ナシ、キウイ）
和ナシとカキのなます風
ピスタチオムース＋クリームチーズムース
　＋イチゴゼリーのフルーツテリーヌ
フルーツのゼリー寄せ
ブルーベリーの黒豆風

夏の立食フルーツパーティ 152
フルーツトライフル
フルーツサンド
フルーツピンチョス
ブルスケッタ
フルーツポンチ
フルーツゼリー

子供のためのフルーツバースデイパーティ 156
ホワイトチョコレートのムースケーキ
スイカのフルーツポンチ
フルーツミニバーガー
スティックフルーツ
リンゴジュース＋炭酸
フルーツミルクセーキ
フルーツで動物

フルーツウエディングパーティ 160
フルーツとチーズ
ウエディングケーキ
フルーツコーティングチョコ
フルーツテリーヌ

フルーツクリスマスパーティ 164
フルーツクリスマスツリー
サングリア
ポテトサラダ
　アボカドとレッドカラントを添えて
イチゴのサンタクロース
焼きリンゴ
アップルパイ
スムージー（マンゴー、メロン、イチゴ）
イチゴとベリーのクリスマスケーキ

種の楽しみ方 168

フルーツの保存と栄養 170

撮影　海老原俊之
デザイン　中村善郎　yen
編集　長澤麻美

フルーツ別カッティング

各フルーツごとに、カッティングと
単品の盛り合わせをご紹介します。
カッティングは、基本的なものから
少しテクニックのいるものまでさまざまです。

カッティングをはじめる前に

フルーツを知る

一口にフルーツといってもさまざまです。色や味はもちろん、果肉のやわらかさ、皮の厚さ、種の大きさや入り方など、それぞれの特徴を頭に入れてからカッティングをはじめましょう。品種や季節によっても違いがあります。また、ひとつのフルーツの中でも甘さは均一ではありません。先端のほうや種のまわりが甘いものが多いのですが、ブドウは房の上のほうが甘みが強くなります。

フルーツの選び方、食べごろの見極めも重要です。専門店で購入する場合はお店の方にたずねるとよいでしょう。フルーツの保存の仕方はp.170～にまとめましたので、参考にしてください。

フルーツは通年食べられるものと、モモやサクランボなど、その季節にしか味わえないものとがあります。盛り合わせに季節感を出したいと思ったら、その季節ならではのフルーツを1種でも加えるとよいでしょう。

フルーツの甘み分布図
甘い順に1, 2, 3, 4

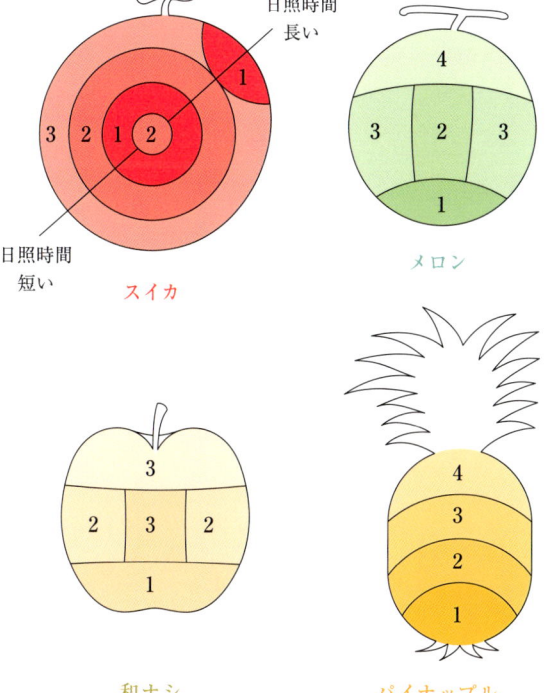

カッティング

1 食べやすく
フルーツのカッティングは、それぞれのフルーツに合ったもので、基本的に食べやすいものであることが重要です。大きさや形状、皮をつけるか、むくかなど、常に食べやすさを考えます。

2 カッティングのパターン
フルーツのカッティングにはいくつかのパターンがあります。形状や甘みの濃淡の特徴などから、くし形切りや輪切り、そのバリエーションがもっとも多用されます。イチゴやブドウ、イチジクなど、小さめのフルーツには、ギザギザの切り込みを入れて切り分ける花切りもおすすめです。また、柑橘やメロン、パイナップルなど外皮を利用しやすいフルーツは、果肉をくり抜いてカップやバスケット、ボートなどにして、中にフルーツを盛り合わせることもできます。くり抜き器（メロンボーラー）で丸くくり抜いたフルーツは、かわいらしい盛り付けをしたい場合に便利です。あまり細かいカットが向かないフルーツは、シンプルに切り分けて皮などに飾り切りをしたり、盛り付けで工夫をするほうがよいでしょう。

3 カッティングの際の注意点
フルーツはとてもデリケートです。必要以上に果肉に触れないように。よく切れるナイフを使い、一気にカットしましょう。途中で止めるとなめらかに仕上がらないこともあります。

カットしたフルーツは、どんどん水分や香りが抜けていきます。提供する直前にカットするのが理想ですが、事前に用意をしなければならない場合は、切った直後にラップフィルムなどをかけておきます。

4 変色を防ぐ

リンゴやモモなどのように、皮をむくと、切り口からどんどん変色していくものがあります。これらのフルーツをカットする際には、この褐変を防ぐことが必要です。方法としては①水に浸ける。②塩水に浸ける。③レモンやライムなどの果汁を加えた水（酸性の液）に浸ける。④アスコルビン酸（ビタミンC。※薬局などで手に入る）溶液に浸けるなどの方法があります。これらの液をボウルに用意して、浸けながらカットします。

盛り付け

1 単品盛り

くし形切りや輪切りにしたフルーツを単独で丸い皿に盛るなら、放射線状に流れ（右回り、左回りなど）を作って盛るときれいです。皮つきの場合は皮を途中まで切り離しておくと食べやすいでしょう。また、切り離した皮に飾り切りを施せば、より華やかな盛り付けが可能です。フルーツで作ったカップに差し込むようにして盛り付けると、さらに動きが出ます。パイナップルやバナナなどくし形切りが難しいフルーツも、形状を揃えて並べることで、連続の美しさが生まれます。

2 複数種盛り合わせ

複数のフルーツを盛り合わせる場合は、色や味、形のバランスを考えて盛り合わせましょう。まず、バスケット盛りやカップ盛りにした、核となるフルーツを中心や奥におき、まわりや手前に他のフルーツを大きいものから盛り付けていくといいでしょう。小さくカットしたものやベリー類、薄くスライスしたものなどは、最後に間に挟み込んだり散らしたりすると全体が締まります。

3 あしらい

フルーツの皮は、盛り付けに効果的な役割を果たします。模様が美しいスイカやメロンの皮、香りがいいオレンジの皮、インパクトのあるドラゴンフルーツの皮などを上手に使うと、個性的な演出が可能です。また、ハーブや花、木の葉などをあしらってもよいでしょう。

フルーツカッティングに必要な道具
(本書で使用したもの)

牛刀
スイカやパイナップルなど、大きくて硬いフルーツを切るときに使用します。

ペティナイフ
フルーツカットにもっとも多用されるナイフです。

ピーラー
フルーツの表皮に、しま模様を入れる際に用います。

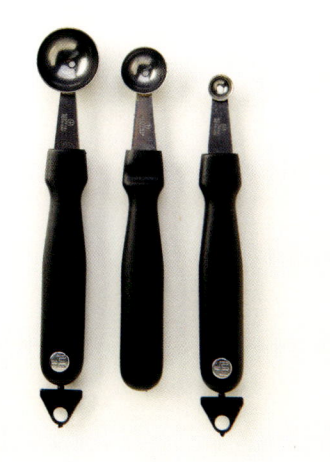

くり抜き器(メロンボーラー)
果肉を丸くくり抜くほか、西洋ナシなどの芯を取る際にも用います。さまざまな大きさがあります。

芯抜き器(パイナップル用)
パイナップルの芯を抜く際に用います。

パイナップルカッター
外側の皮と芯を残し、パイナップルの果肉を取り出すことができます。

オレンジ
（ミカン科　原産地：インド、アッサム地方）

特徴
日本に流通しているオレンジは、夏に店頭に並ぶのがバレンシアで、冬はネーブルです。また、不定期で赤い果肉が特徴のブラッドオレンジがあり、おもにイタリア、スペインで食されています。バレンシアは果汁が多く、ほどよい酸味があるので、ジュースやゼリーに加工するのがおすすめです。ピールやマーマレードなら、皮までおいしく食べられます。

旬・出回り時期
一年中楽しめます。目安として3月〜11月がバレンシアオレンジ、11月〜3月がネーブルオレンジ。

選び方
形が整っていてハリとツヤがあり、持ったときにずっしりと重みを感じるもの。ヘタが枯れていて、皮がふかふかとしてキメが粗いのは、味が落ちているので避けましょう。

カットについて
くし形切りの皮を飾り切りする場合、ポイントは、外側のオレンジ色の皮と果肉の間の、白いワタの部分をきれいにはずすこと。次のグレープフルーツも同じ。

バレンシア
日本でもっともポピュラーな品種。果皮、果肉ともにオレンジ色で、酸味と甘みのバランスがよく、さっぱりとしてジューシーなのが特徴。

ネーブル
果皮、果肉ともにオレンジ色で、果頂部（ヘタの反対側）にへそのようなくぼみがあるのが特徴。果汁たっぷりで甘みも強く、じょうのう（袋）が薄く種がないので、外側の皮をむいて、そのまま食べるのもおすすめです。

丸のまま皮をむく

1 オレンジのヘタ側に、水平にナイフを入れる。

2 果肉に沿ってナイフを当て、オレンジを回しながら皮を切り取っていく。

3 皮の幅は1cm程度。長く切り取った皮は、盛り付けの際にさまざまな形で使用できる（p.114参照）。

4 最後も水平に切り落とす。

5 丸むきの完成。

輪切り

1 丸むきしたオレンジを、7〜8mm程度の幅の輪切りにする。

2 1ヵ所に中心まで切り込みを入れる。

3 切り込みの両側を逆方向に曲げて開く。輪切りを立体的に盛り付けることができる。

単品盛り1

房ごとに切り出した果肉と、薄皮ごと斜め切りにした果肉を合わせて盛る。

房ごとに果肉を切り出す

1 丸むきしたオレンジの房の内側に切り込みを入れる。

2 両側を切り込み、房ごとに果肉を切り取る。

3 切り取った果肉をはずしていく。

4 切り出した果肉。薄皮がなく見た目も美しいので、デザートなどにも向いている。

薄皮ごと斜めに切る

1 丸むきしたオレンジを縦半分に切る。

2 芯の左右にV字形に切り込みを入れる。

3 芯をはずす。

4 ナイフの角度を変えながら、斜め4等分に切り分ける。前項のように房から果肉を切り出すより簡単で、時間もかからない。

5 ナイフの角度を変えながら、両端の厚みが不均等になるように切ると、ボリュームが出て盛り付けに変化がつく。

皮つきのままくし形に切る

1 縦半分に切る。

2 芯の左右にV字形に切り込みを入れる。

3 芯をはずす。

4 半分に切った後、それぞれを半分に切る。

5 くし形切りのでき上がり。皮と身の間に途中までナイフを入れて切り離しておくと食べやすい。皮にさまざまな飾り切りを入れると、盛り付けたときに華やかさが出る。

皮に飾り切りを入れる　飾り切り1

1 皮と果肉の間にナイフを入れ、2/3ぐらいまで切る（p.15、16の皮の飾り切りは、すべてこれを使用）。

2 皮の内側の白い部分を薄く切り取る（飾り切りがスムーズにでき、皮が曲げやすくなる）。

3 皮の片側に斜めに1本切り込みを入れる。

4 皮の先端を、果肉に沿って内側に曲げる。

5 皮がきれいに丸まる。

バリエーション

皮の両側に切り込みを入れて曲げると、「うさぎ」になる。

飾り切り2

2/3まで切り離した皮を、斜めに切り落とす。

飾り切り3

1　2/3まで切り離した皮に、先端方向からV字形の切り込みを入れる。

2　切り離した皮をはずす。

飾り切り4

1　2/3まで切り離した皮に、先端方向からW字形の切り込みを入れる。

2　切り離した皮をはずす。

皮つきのまま輪切りにする

1　皮つきのまま、7〜8mm幅ほどの輪切りにする。

2　皮と果肉の間にナイフを入れ、オレンジをまな板につけて回しながら切り離していく。

3　一部を切り離さないで残す。

4　ドリンクやデザートのグラスの縁に掛ける。

バリエーション

1　皮の一部を切り離す。

2　グラスに掛け、皮を垂らす。

単品盛り 2

カップを作る

1 先端を水平に切り落とし、半分に切る（下側をカップにする）。

2 皮と果肉の間にナイフを入れ、オレンジをまな板につけて回しながら切り離す。

3 切り離した果肉と皮。

4 果肉に横からナイフを入れ、薄切りにする。

5 1で切り落とした部分を、皮の内側に入れて底にする。

6 薄切りの果肉をのせる。

7 最後に切り込みを入れた薄切りをのせ、立体感を出す。

果肉を斜めに切る

1 丸むきしたオレンジを、縦半分に切る。

2 それぞれを、斜め5等分に切り分ける。

3 ナイフの角度を変えながら、左右の厚みが不均等になるように切ると、ボリュームが出て盛り付けに変化がつく。

単品盛り3

バスケットを作る

1 持ち手の部分を作る。中央を1.5cm幅ほど残し、枝つきの両側に、上から1/2ほどのところまで縦に切り込みを入れる。

2 1の切り込みの終わりの部分に向けて、横から水平に切り込み、左右の実をはずす。

3 持ち手の内側の果肉を切りはずす。下の部分を水平に切る。

4 皮と果肉の間に、ナイフの刃先を入れて切り離す。

5 果肉をはずす。

6 底の部分を水平に切り落とす。

7 皮と果肉の間にナイフを入れ、オレンジをまな板につけて回しながら切り離す。

8 果肉をはずす。

9 6で切り落とした部分を、皮の内側に入れて底にする。

10 果肉を食べやすい大きさに切り分ける。

11 バスケットに果肉を盛り付ける。

12 でき上がり。

しま模様のくし形切り

1 ピーラーを使い、皮にぐるっとらせん状に筋を入れていく。

2 筋を入れ終えたもの。細長く切り出した皮も、さまざまな形で利用できる。

3 2のオレンジを、縦半分に切る。

4 芯の左右にV字形に切り込みを入れ、芯をはずす。

5 4等分のくし形に切り分ける。

6 しま模様がアクセントになり、盛り付けたときに華やかさが出る。

グレープフルーツ
(ミカン科　原産地：西インド諸島)

特徴
1本の枝からブドウの房のように実ることから、この名前が付けられたといわれています。フロリダやカリフォルニア、南アフリカからの輸入が中心で一年中出回っています。グレープフルーツにも旬があり、特に2月～3月に店頭に並ぶフロリダ産は、とてもおいしいといわれています。さっぱりとした甘みの中に独特の苦みと酸味があり、たっぷりな果汁が特徴。

旬・出回り時期
一年中楽しめますが、フロリダ産は1月～4月が旬。

選び方
果皮のハリとツヤがあり、持つとずっしりと重く、形が丸く整っているものを選びましょう。果皮にシミがついているものもありますが、味に影響はありません。

ピンク（トムソン、ピンクマーシュ）
果皮はホワイトと変わらず黄色ですが、果肉が赤みがかったピンク色をしているのが特徴。果肉が真っ赤なルビー種は最近少なくなり、あまり店頭で見ることがなくなりました。

ホワイト（マーシュ）
フロリダでもっとも栽培されている代表的品種。果皮は黄色で果肉はクリーム色をしています。ほのかな苦みと爽やかな甘酸っぱさが特徴。

単品盛り1

上からグラニュー糖を振り、オーブンで焼くと温かいデザートになる。

カップを作り、果肉を盛る

1 横半分に切る。

2 中心の芯の部分を丸く切り取って除く。

3 皮と果肉の間にナイフを入れる。

4 ぐるっと一週させて切る。

5 中央部分からもぐるっと一周ナイフを入れ、果肉を切り離す。

6 切り離した果肉を取り出す。

7 果肉を食べやすい大きさに切り分け、皮に戻す。

単品盛り2

グレープフルーツのカップ（作り方は前頁参照）に、皮に飾り切りを施したくし形切りの実（ホワイトとピンク）を盛る。

くし形切りにし、皮に飾り切りを入れる

1 縦半分に切り、芯の左右にV字形に切り込みを入れる。

2 芯をはずす。

3 食べやすい大きさのくし形切りにする。

4 皮と果肉の間にナイフを入れ、2/3ぐらいまで切る。

5 皮の内側の白いワタを薄く切り取る。

6 皮が曲げやすくなり、飾り切りがしやすくなる。

7 皮の片側に、斜めに1本切り込みを入れる。

8 皮の先端を、果肉に沿って内側に曲げる。

9 でき上がり。

単品盛り3

グレープフルーツのカップに、房から切り出した果肉を盛り付ける。ホワイトとピンクを合わせて盛ると、彩りが美しい。

カップを作る

1 中央部分に、V字の深い切り込みをぐるっと一周入れていく。

2 ナイフを中心部分まで差し込んでは抜く、を繰り返して切る。

3 2つに離す。

4 下側をカップにする。

5 中心の芯の部分を丸く切り取って除く。

6 皮と果肉の間にナイフを入れ、ぐるっと一周させて切る。

7 中央部分からもぐるっと一周ナイフを入れ、果肉を切り離す。

8 切り離した果肉を取り出す（果肉は食べやすく切り分けて皮に戻してもよい）。

房ごとに果肉を切り出す

1 ヘタ側に、水平にナイフを入れる。

2 果肉に沿ってナイフを当て、皮を切り取っていく。

3 グレープフルーツを回しながら切るとよい。

4 丸むきの完成。

5 房の内側に切り込みを入れる。

6 両側を切り込み、房ごとに果肉を切り取る。

7 切り出した果肉。

その他の柑橘

特徴
柑橘類はミカン科ミカン属の総称で、品種もオレンジやグレープフルーツから、温州みかんやデコポン、文旦など幅広く膨大にあります。共通して果実は10個前後の小袋が放射線状に並んだ形で、甘酸っぱい味と爽やかな香りが特徴です。

旬・出回り時期
冬～初夏。

選び方
持ったときにずしりと重みがあり、果皮にハリとツヤがあるもの。ヘタは青々とした緑色のものを選びましょう。

温州（うんしゅう）みかん
主産地は和歌山県、愛媛県。日本で一般的に「みかん」と呼ばれているのが温州みかんで、日本原産ともいわれています。「有田みかん」や「愛媛みかん」などのブランドみかんが有名ですが、これらも温州みかんを指します。
＊通常のみかんより果肉の色の濃い「紅みかん」と呼ばれるものには、「山下紅」、「小原紅」などの品種があります。現在出荷量が少なく、希少性のあるみかんです。

日向夏（ひゅうがなつ）
主産地は宮崎県。宮崎県で偶発実生して誕生した品種。果皮は黄色くやや厚め、果肉は淡い黄色で爽やかな甘さと酸味を味わえます。皮はリンゴのような要領でむき、果皮と果肉の間の白い部分を残してむいて食べるのが特徴。白い部分はふんわりとした食感とほのかな甘さがあり、独特の風味が楽しめます。

せとか
主産地は愛媛県。「清見×アンコール」と「マーコット」を交配して誕生した新しい品種。果皮は薄く鮮やかな橙色で、実を包む薄皮（じょうのう膜）もやわらかく薄いので口に残りません。橙色の果肉は緻密で、濃厚な甘さとたっぷりな果汁が味わえます。上品でとてもおいしい品種です。

水晶文旦（すいしょうぶんたん）
主産地は高知県。「ボンタン」とも呼ばれており、かぐわしい爽やかな香りが特徴。黄色の果皮は厚く果肉は淡い黄色で、甘みの中にほのかな苦みがあり、歯応えのある食味です。特に「水晶文旦」は、文旦の中でも最高級品で、贈答品にも利用されます。

デコポン
主産地は熊本県。品種名は「不知火」で、一定の基準をクリアしたものだけが「デコポン」として流通できます。果皮の表面は粗く、ヘタの部分に出っ張りがあり、糖度が高いのが特徴。出っ張りがないものもありますが、味は変わりません。皮は厚めですがむきやすく、実を包んでいる薄皮（じょうのう膜）が薄いので、そのまま食べられます。

伊予柑（いよかん）
主産地は愛媛県。日本で生産される柑橘類の中では、温州みかんに次ぐ生産量。山口県萩市で発見され、本格的に栽培が愛媛県で始まったことから、愛媛の伊予国にちなんで名が付けられました。果皮は温州みかんよりやや厚めで、果汁たっぷりの果肉と、甘みと酸味のバランスがよいのが特徴。

あまくさ
「清見×興津早生」と「ページ」を交配して誕生した品種。果皮の表面はなめらかで、果皮とともに濃い橙色。果汁が豊富で糖度も高く、食味に優れています。皮がとても薄いので、実がつぶれないよう、オレンジのように放射線状にカットして食べるのがおすすめです。

晩白柚（ばんぺいゆ）
主産地は熊本県。直径は25cm以上あり、重さも2kg前後にもなり、世界最大の柑橘といわれています。果皮はひじょうに厚く、果皮と果肉の間の白い部分も2cm近くあります。さっぱりとした甘みとほどよい酸味に、締まった果肉のサクサクとした歯応えが特徴。常温での長期保存が可能なので、部屋において爽やかな香りを楽しむのもおすすめです。

日向夏の単品盛り

＊日向夏は、白いワタの部分も果肉と一緒に食べるので、ワタを残してカットする。

くし形切りにし、皮に飾り切りを入れる

1 縦半分に切る。

2 白いワタの部分が厚い。

3 くし形切りにする。

4 白いワタをなるべく残すように、ワタと皮の間にナイフを入れ、2/3くらいまで切る。

5 皮の片側に、斜めに1本切り込みを入れる。

6 皮の先端を、果肉に沿って内側に曲げる。

バリエーション

皮の両側に切り込みを入れて曲げると、「うさぎ」になる。

ワタつきで輪切りにする

1 白いワタをなるべく残すように皮をむく。

2 むき終わったもの。

3 横に輪切りにする。

レモン・ライム

(ミカン科　原産地：インド北部)

特徴
レモンとライムはひじょうに似ていますが、ライムはレモンよりも果形が丸く皮の厚さが薄く、果皮は緑色で果肉も淡い緑色です。レモンは果皮が黄色く、果肉は淡い黄色。両方とも強い酸味が特徴ですが、ライムは独特の苦みもあります。

選び方
形が整っていて手で持つとずっしり重みがあり、果皮にハリとツヤがあるもの。ヘタは青々とした緑色で、果実に弾力があるものを選びましょう。ライムは鮮やかな緑色が表面にむらなく広がっているとよいです。

旬・出回り時期
一年中楽しめます。

ライム

レモン

レモンとライムのカットいろいろ

料理に添えるレモン・ライム1

1 2～3mm幅の切り込みを、中心まで2回入れ、3刃めで切り落とす。

2 1の切り込みの反対側に、中心まで切り込みを入れる。

料理に添えるレモン・ライム2

3 2の切り込みの両端を逆側に曲げて開く。

1 2～3mm幅の切り込みを、中心まで1回入れ、2刃めで切り落とす。

2 1の切り込みの反対側に、中心まで切り込みを入れる。

3 2の切り込みの両端を逆側に曲げて開く。

料理に添えるレモン・ライム3

1 底になる部分を少し切り落とし、半分に切る。

2 切り口の縁の皮にナイフを入れる。

3 皮を細くむいていく。

4 最後は切り落とさずに残し、結び目を作る。

▎料理に添えるレモン・ライム 4

 5 完成。

 1 ピーラーで縦に数本筋を入れる。

 2 底になる部分を少し切り落とし、半分に切る。

 3 向かい合った2ヵ所の皮と身の間にナイフの刃先で切り込みを入れる。

4 1で切り取った皮の両端を、3の穴に入れる。

▎料理に添えるレモン・ライム 5

 5 完成。

 1 底になる部分を少し切り落とす。

 2 1の反対側の実を、端からくし形に切り取る。

 3 実がはずせるように、しっかりと切る。

 4 くし形を3つ並べた状態に切り取る。

 5 互い違いにずらす。

グラスに添えるレモン・ライム1

1 くし形切りにする。

2 皮と果肉の間にナイフを入れ、2/3ぐらいまで切る。

3 切り離した皮を、斜めに切り落とす。

4 グラスの縁に掛ける。

グラスに添えるレモン・ライム2

1 くし形切りのレモンの皮と果肉の間にナイフを入れ、2/3ぐらいまで切る。

2 皮の内側の白い部分を薄く切り取る。

3 皮の片側に、斜めに2本切り込みを入れる。

4 皮の先端を、果肉に沿って内側に曲げ、グラスの縁に掛ける。

バリエーション

皮の両側に切り込みを入れて曲げ、グラスの縁に掛ける。

グラスに添えるレモン・ライム3

1 ピーラーで縦に数本筋を入れる。

2 輪切りにする。

3 中心まで1ヵ所切り込みを入れる。

▎グラスに添えるレモン・ライム 4

4 グラスの縁に掛ける。　　**1** ピーラーで、らせん状に筋を入れる。　　**2** 適当な大きさのくし形切りにする。　　**3** 果肉側に1ヵ所、斜めの切り込みを入れる。

▎バリエーション

4 グラスの縁に掛ける。　　果肉と皮の間にナイフを入れ、2/3ぐらいまで切ってグラスの縁に掛ける。

キンカン

特徴
皮つきで丸ごと食べる珍しい柑橘。皮に多くのビタミンCを含んでいますので、ビタミンC補給には効果的です。皮と白いワタの部分に甘みと苦味があります。生のままで食べるのが主流になってきましたが、以前は砂糖漬け、甘露煮にすることが多かった柑橘です。まるごと焼酎に漬けた金柑酒、お酢に漬けた金柑サワー、蜂蜜に漬けてもおいしく召し上がれます。また、半分に切り種を取り除いて砂糖と煮込んで作るジャムも、独特な苦味がきいておいしいです。

旬・出回り時期
出回り時期は3月末～4月上旬です。

メロン

（ウリ科　原産地：アフリカ）

特徴
大きく分けると果皮に網目が生じる「ネット系」と、網目のない「ノーネット系」、果肉は赤肉種、青肉種、白肉種に分かれています。なめらかな口当たりとみずみずしい果汁たっぷりなメロンは、価格も品種によって高価なものから手ごろなものまでと幅広いのが特徴。

旬・出回り時期
4月～8月。マスクメロンは一年中楽しめます。

選び方
左右対称で形が整い、全体的にハリがあり、手で持つとずっしりと重みがあるもの。網目のある品種は、果皮全体にくっきり均等に立体的な網目が広がっているものを選びましょう。軸の反対側のおしりの部分に弾力のあるやわらかさが出て、指で弾くと中身が詰まったような低く濁った音がしたら食べごろです。

カットについて
種に近い果実の中心あたりの糖度が高く、皮に近づくと低くなるので、くし形切りにして食すのがおすすめです。

レッドメロン
メロンは果肉の色によって「青肉系」「赤肉系」「白肉系」に分けられます。この「赤肉系」のメロンを総称してレッドメロンと呼んでいます。その品種は多数あり、「夕張メロン」から「クインシーメロン」、「妃メロン」、「ルピアレッドメロン」などがそうです。果肉の色がオレンジでなめらかな舌触りが特徴です。↑

ハネデューメロン
輸入されているメロンの大半を占めている品種。果皮には網目がなく、ツルツルした表面で白っぽい緑色をしています。果肉も淡い緑色で、ジューシーで甘みがあり、日持ちがよいのが特徴。比較的手ごろな価格で手に入ります。→

マスクメロン
主産地は静岡県。麝香（Musk）のような香りを持つメロンの総称で、アールス・フェボリット系の品種。果皮には均一に美しく網目が入り、果肉は黄緑色で甘みが強く、たっぷりな果汁が特徴。ガラス温室で、徹底した管理のもと育てられ、1本の木から1個だけを残して、その果実にすべての栄養が行き渡るように丹精込めて作られた、高級メロンの代表です。↑

皮つきのままくし形に切る

1 つるの部分を切り落とす。

2 縦半分に切る。

3 種の部分の筋の両端を切り、種を取り出しやすくする。

4 くり抜き器(メロンボーラー)などを使い、種を取り出す。

5 5等分のくし形切りにする。

6 でき上がり(p.33、34のカットは、すべてこれを使用)。

単品盛り1

くし形切りからのカッティングバリエーションを組み合わせて。

くし形切りからのカット1

1 メロンをまな板に押し付けるようにおき、皮と果肉の間にナイフを入れ、メロンをカーブに沿って動かすようにしながらナイフをすべらせ、皮を切り離す。

2 果肉を食べやすい大きさに切り分ける。

3 果肉を互い違いにして盛り付ける。

くし形切りからのカット2

1 皮つきのまま、斜めに切り分ける。

2 盛り付けるときに斜めにずらすと美しい。

くし形切りからのカット3

1 皮と果肉の間にナイフを入れ、メロンをカーブに沿って動かすようにしながらナイフをすべらせ、2/3ほどのところまで皮を切り離す。

2 皮の上の果肉を薄く切り取る。こうすると皮を曲げたときに折れない（この頁の皮の飾り切りは、すべてこれを使用）。

飾り切り1

1 皮の片側に1本切り込みを入れる。

2 皮の先端を、果肉に沿って内側に曲げる。

3 皮がきれいに丸まる。

飾り切り2

1 皮の両側に1本ずつ切り込みを入れる。

2 皮の先端を、果肉に沿って内側に曲げる（うさぎ）。

飾り切り3

1 切り離した部分の皮を、先端方向からV字形に切り取る。

2 でき上がり。

盛り付け例

p.118参照。

バスケットを作る

1 持ち手の部分を作る。中央を3cm幅ほど残し、つるの両側に、上から2/3ほどのところまで縦に切り込みを入れる。

2 1の切り込みの終わりの部分からナイフを入れ、切り込みの両端を結ぶように、V字の切り込みを入れていく。ナイフを中心部分まで差し込んでは抜く、を繰り返して切る（ペティナイフを短く持ち、V字の山が均等になるように切る）。

3 実をはずす。反対側も同様にカットし、実をはずす。

4 くり抜き器（メロンボーラー）などを使い、種を取り出す。

5 持ち手の内側の果肉を切りはずす。下の部分を水平に切る。

6 皮と果肉の間に、ナイフの刃先を入れて切り離す。

7 果肉をはずす。

単品盛り2

色違いのメロンの果肉のボールを作り、メロンの中から
あふれるように盛り付ける。

バスケットを作る

1 メロンの側面に切り込みを入れる。

2 切り取った実をはずす。

3 反対側にも同様に切り込みを入れ、実をはずす。

4 はずした実から果肉をくり抜き器で丸くくり抜き、残った果肉を皮からそぎ切る。

単品盛り3

スワンカップ

1 首になる部分を深く切り込む。

2 できるだけきれいな曲線を描くようにカットする。

3 首からつなげて後ろに切り進める。なめらかな曲線で、首の反対側が一番高くなるようカットして、上の部分の実をはずす。

4 くり抜き器で、種を取り除く。

5 くり抜き器で、内側の果肉を丸くくり抜く。

6 首の部分の果肉を切り取る。

7 はずした上の部分の実を、片側が細くなるよう斜めにカットする。

8 メロンのカップに7の実を羽のように盛り付ける。

単品盛り 4

むいた皮を巻いて台にし、メロンの果肉を盛り付け、
つる部分を蓋のように上にのせる。

メロンカップ

1 メロンのつる側に、水平にナイフを入れる（切り落とさない）。

2 果肉に沿ってナイフを当て、メロンを回しながら皮を切り取っていく。皮の幅は3cm程度。長く切り取った皮は、盛り付けの際に使用するので、途中で切れないようにする。

3 最後も水平に切り落とす。

4 長くむき取った皮。

5 皮をむき終えた果肉の上側を、半分ずつ切り取る。手前側が低く、後ろ側が高くなるように切り取る。

6 果肉をはずす。

7 反対側も同様に切り取る。

8 左右対称になるように、バランスを見ながら切る。

9 くり抜き器などを使い、種を取り出す。

10 手前側が低く、後ろ側が高いカップの完成。

11 6と8ではずした果肉を食べやすい大きさに切り分ける。

12 足りなければ他に用意した果肉と合わせ、10のカップに盛り付ける。

スイカ

(ウリ科　原産地：アフリカ)

特徴
丸い大玉スイカやラグビーボールのような形、果皮が黒いものや黄色いものまで、いろいろな種類が見られるようになりました。甘みとシャリッとした歯触りがおいしい果肉はもちろんですが、果皮との間の白い部分も、一口大に切って甘酢漬けにすると、おいしく食べられます。

旬・出回り時期
本来の旬は5月～8月。栽培方法も多様化され、最近では一年中楽しめるようになりました。

選び方
果皮にハリとツヤがあり、緑と黒の色のコントラストがはっきりしているもの。つると反対側の部分の果頂部が小さく、ヘタのまわりが少しへこんでいるものを選びましょう。指で軽く弾いて、澄んだ音がするものが食べごろです。カットされて販売されているものは、果肉部分の色が鮮やかで、果皮が厚すぎないものがおすすめです。

カットについて
実の中央部がもっとも甘いので、つるを上にして中央部が均等になるように、放射線状にカットして食べるのがおすすめです。

ハイランド
主産地は長野県松本。1株から2果しか収穫しない栽培方法。高原に位置した産地なので、昼夜の気温差の大きさが生み出す、シャリッとした歯触りと強い甘みが特徴。

でんすけ
主産地は北海道。スイカの特徴でもあるしま模様はなく、果皮が黒く大玉の品種。7月上旬～8月上旬が出回りの時期。シャキシャキとした食感とすっきりとした甘みが特徴。高級スイカとして贈答品にも利用されます。

ひとりじめ
主産地は熊本県。小玉で果皮が薄く、果肉がシャキシャキとして歯触りがよく糖度が高いのが特徴。冷蔵庫にも入るミニサイズが人気。名前の由来は、「ひとりじめしたくなるほどおいしい」だそうです。

単品盛り1

扇形に切る

1 皮の数ヵ所にトントンと包丁の刃を当て、小さな切り目を入れておくと、カットの途中でスイカが割れるのを防ぐことができる。

2 スイカを縦におき、刃渡りの長い包丁で半分に切る。

3 切り離す。

4 1/4のくし形に切り、それを更に半分に切って1/8のくし形切りにする。

5 皮を手前にしておき、2cmほどの幅にまっすぐ切っていく。

盛り付け例

p.113参照。同様に斜め切りにしたメロンと組み合わせて。

斜めに切る

1 半分に切ったスイカを、5等分のくし形に切る（1/10くし形切り。この頁のカットはすべてこれを使用）。

2 皮を手前にしておき、2cm幅ほどに斜めに切っていく。

皮を切り取り、斜めに切る

3 でき上がり。

1 皮と果肉の間にナイフを入れ、スイカをカーブに沿って動かすようにしながらナイフをすべらせ、皮を切り離す。

2 2cm幅ほどに斜めに切っていく。

3 でき上がり。
（使用例 p.120参照）

単品盛り2

三角すい形に切る

くし形切りのスイカを立てておき、端を斜めに切り取り、できた角を切り取るように、三角すいにカットしていく。

三角すいに切ったスイカを立てて盛る。

単品盛り3

小玉スイカ（ひとりじめ）でバスケットを作る

1 持ち手の部分を作る。スイカを横にしておき、中央部分を3cm幅ほど残すようにして、上から1/2ほどのところまで縦に切り込みを入れる。

2 スイカの花落ち側から、**1**の切り込みの終わりに向けて水平にナイフを入れる。

3 切り取った実をはずす。

4 スイカを回して左右を入れ替え、反対側も同様に切る。

5 実をはずす。

6 持ち手の内側の果肉を切りはずす。下の部分を水平に切る。

7 皮と果肉の間に、ナイフの刃先を入れて切り離す。

8 果肉をはずす。

9 果肉をくり抜き器で丸くくり抜く。

10 くり抜いた果肉。

11 3、5で切り取った実は皮をむく。

12 斜めに切り分ける。

13 8の果肉も食べやすく切り分ける。

14 バスケットに、10、12、13の果肉を盛り付ける。

イチゴ
（バラ科　原産地：南アメリカ）

特徴
見た目もかわいく、そのままですぐ食べられるイチゴは、小さな子供から大人まで人気の高いフルーツです。新たな品種が次々に育成されており、より甘みの強いものが栽培されています。

旬・出回り時期
11月～5月。

選び方
左右対称で形が整い、ヘタの際まで赤く色づき、果皮にハリ、ツヤがあるものを選びましょう。表面の種がきれいにつき、ヘタが緑色でみずみずしく元気なものがおすすめです。

とちおとめ
主産地は栃木県。果形は大粒の円錐形で色鮮やかな紅色。酸味は少なく、甘みは爽やかで果肉はほどよく締まり、シャキッとした食感が味わえます。日持ちがよいのが特徴。11月中旬～5月が出回りの時期。

あまおう
福岡県で「とよのか」の後の品種として品種改良した品種。名前の由来は「あかい、まるい、おおきい、うまい」のそれぞれの頭文字を合わせて「あまおう」と名付けられました。ほどよい酸味と濃厚な甘み、果汁たっぷりのボリュームある大きな粒が特徴。12月～3月が旬。

さちのか
主産地は長崎県。「とよのか」と「アイベリー」を交配し、誕生した品種。果形は長円形で、果肉は硬く緻密なので日持ちがよいです。糖度の高さが安定しています。11月下旬～5月が出回りの時期。

紅ほっぺ
「あきひめ」と「さちのか」を交配して静岡県で誕生した品種。粒が大きく美しい紅色で、甘みと酸味のバランスがよく、特に香り豊かなのが特徴。12月から出回ります。

さがほのか
主産地は佐賀県。果実はやや大きめで、果肉が白く果皮の鮮やかな紅色とのコントラストが美しい佐賀県生まれの品種。糖度が高く酸味が少ない、上品ですっきりとした甘さと食感のよい締まった果肉が特徴。12月下旬～1月が出回り時期。

ゆめのか
愛知県生まれの新品種。大粒の円錐形で、果皮はやや硬めで傷みにくく、果肉はジューシーですっきりとした甘みとほどよい酸味が特徴。12月中旬～2月が出回りの時期。

ひのしずく
熊本県生まれの品種。果実は大きく鮮やかな紅色でツヤがあり、色むらが少ないのが特徴。酸味は控えめで甘みが強くジューシーで、香りも豊かです。11月下旬～5月が出回りの時期。

初恋の香り
熟すと果皮が白くなる世界初の品種。果実は円錐形で丸みがあり、果皮はピンクがかった白色で、真っ白な果肉が最大の特徴。未熟に見える見た目とは違い、酸味が少なく甘みのある食味に優れた味わいです。贈答品として利用されています。11月～3月が出回りの時期。

■ 単品盛り

■ 十字に切り込みを入れる

1 ヘタの部分を水平に切り落とし（以下のカットはすべて同じ）、ヘタ側を下にして立てておき、下を切り落とさないように注意して、縦に十字の切り込みを入れる。

2 切り込みを開く。

3 でき上がり。中央に他のフルーツを盛り付けたり、クリームを絞ったりと、いろいろな形で使える。

■ 花切り

1 先のほうを上にして持ち、先端から1/3ほどのところに、ぐるっと一周V字の深い切り込みを入れていく。

2 ナイフを中心部分まで差し込んでは抜く、を繰り返して切る。V字の山の高さが均等になるようにする。

3 2つに離す。

4 でき上がり。

ハート形に切る

1 ヘタ側に、やや丸みをつけたV字の切り込みを入れる(イチゴは、切り口がハート形に近いあまおうなどが向いている)。
2 ヘタ側を下にして立てておき、スライスする。 
3 でき上がり。 

縦にスライスする

1 ヘタ側を下にして立てておき、薄くスライスする。
2 でき上がり。ずらして盛り付け、デザートのアクセントなどに。 

横にスライスする

1 横にしておき、薄くスライスする。
2 でき上がり。ずらして重ねる。 

一部をスライスし、重ねる

1 下になる部分を薄く切り落とす。
2 反対側の半分を、縦に薄くスライスする。 
3 スライスしていない側のイチゴをおいて、上にスライスをずらして盛り付ける。 

V字に切ってずらす

1 先のほうからV字に深く切り込みを入れる。
2 切り離す。 
3 上の果肉にも、同様にV字に切り込みを入れて切り離す。 
4 ずらして重ねる。

一部をスライスし、ずらす

1 ヘタ側を下にして立てておき、中心を細く残して縦に半分のところまで両側に切り込みを入れる。

2 1の切り込みの終わりに向けて、横から水平に切り込みを入れ、果肉をL字形に切り取る。

3 切り取った果肉を縦半分にスライスする。

4 果肉をずらす。

ベリー

特徴
ベリーの仲間のフルーツは種類が豊富で、レッドカラントやブラックカラント、ホワイトカラントなどはスグリ科、イチゴやラズベリーなどはバラ科、ブルーベリーなどはツツジ科と分かれているのが特徴。果実が小さく、甘酸っぱい風味は共通しています。

旬・出回り時期
一年中出回っています。輸入と国産あり。

選び方
果実が濃く色づいて、ハリのあるもの。持ったときに重みがあるものを選びましょう。

ブルーベリー
ツツジ科スノキ属で、品種は大きく分けて「ハイブッシュ」、「ラビットアイ」、「ロープッシュ」などがあり、日本では「ハイブッシュ」と「ラビットアイ」が主流。果皮は濃い青紫色で、甘さと酸味のバランスのよい、独特な風味が特徴。生食用のほかにジャムなどに加工して食べます。

ラズベリー
バラ科キイチゴ属で別名「フランボワーズ」とも呼ばれています。品種が多く、果実が鮮やかな赤色や紫色、黒紫色などがあります。小さな球形の実の集合体で中は空洞です。コロンとしたかわいらしい形をしているので、ケーキなどにそのまま添えて生食用としても使用されます。

ブラックベリー
バラ科キイチゴ属。果実は未熟なものは赤色で、完熟すると黒色になり、小さな球形が集まったブドウのような形が特徴。実の中も果肉が詰まっており、ラズベリーとは異なります。生食もできますが、強い酸味と種が気になる場合は、裏ごししてジャムにするのがおすすめです。

レッドカラント（赤カシス）
スグリ科スグリ属で西ヨーロッパが原産。果実は丸い小粒で、透明感のある赤色の実が房状になるのが特徴。ひじょうに酸味が強いので、ジャムや料理用のソースなどに使われます。

ホワイトカラント（白カシス）
果実は白く透き通っていて、1cmほどの丸い粒。カシスの中で一番甘みが強いのが特徴。あまり市場に出回らない珍しい品種。

キウイフルーツ

(マタタビ科　原産地：中国)

特徴
ニュージーランドの国鳥「Kiwi」に、果実の姿が似ていることから名付けられたという説があります。果皮は薄茶色で、果実は鮮やかな緑色や黄色があります。酸味と甘みのバランスがよく、ジューシーでやわらかな食感が特徴。

旬・出回り時期
一年中楽しめます。

選び方
きれいな俵形をしていて、果皮に傷がなく明るい薄茶色で、手で軽く触ったときに弾力があるもの。果皮の表面にうぶ毛のような毛茸（もうじょう）が、均一についているものは新鮮な証拠ですが、品種によって異なります。

カットについて
半分にカットして、そのままスプーンですくって食べるのが簡単ですが、丸ごと皮をむいて好きな形にカットして食べるのも、見た目が華やかでおすすめです。

ヘイワード
産地はニュージーランドと国産が中心です。果皮は薄茶色で、毛茸といわれるうぶ毛のようなものに覆われています。果肉は鮮やかな緑色をして、甘みと酸味のバランスがよく、果汁たっぷりなのが特徴。日本でもっとも多く見られます。

ゴールドキウイ
産地はニュージーランドと国産が中心です。果皮は薄茶色でうぶ毛のような毛茸は少なく、果肉は鮮やかな黄色。形は少し細長く、先が尖っているのが特徴。甘みがとても強く、酸味が少ない食べやすい品種。

レインボーレッド
静岡県生まれ。果皮は薄茶色で毛茸と呼ばれるうぶ毛はなく、果肉は黄緑色で中心部が赤く色づき、酸味は少なく糖度が高いのが特徴。果肉は追熟すると薄い黄色になるので、黄色と赤色のコントラストが楽しめます。ヘイワードに多く含まれるたんぱく質分解酵素の含有量が少ないので、ゼリーなどゼラチンを使うスイーツに向いています。

サルナシ（ベビーキウイ）
キウイフルーツの類縁の果実で、果実の大きさが3cm弱ほどしかなく、果皮は緑色でうぶ毛のような毛茸がなく、皮ごと食べられるのが特徴。通常のキウイフルーツ（ヘイワード）よりも酸味が少なく、完熟すると甘みが強くなります。

芯を取る（できるだけ端まで食べられるようにする場合）

1 花落ち側の端を薄く切るようにナイフを入れ、刃が中央の芯に当たったら、そのまわりをぐるっと一周させて切る。

2 尖った芯をつけた状態ではずす。

単品盛り1

外側からサルナシ、ヘイワード、ゴールドキウイ、レインボーレッド。

皮をむく

1 両端を切り落とす。

2 縦に皮をむいていく。

くし形切り

1 皮をむいたキウイを縦半分に切る。

2 更に半分に切る。

3 4等分のくし形切りにする。

4 でき上がり。

輪切り

1 皮つきのまま輪切りにする。

2 皮と果肉の間にナイフの刃先を入れ、キウイをまな板につけて回しながら切り離す。

3 皮をはずす。

4 でき上がり。

単品盛り2

ヘイワードとゴールドキウイを組み合わせて。

カップを作る1

1 両端を切り落としたキウイを、2～2.5cmの厚さに切る。

2 皮と果肉の間にナイフを入れ、キウイをまな板につけて回しながら切り離す。

3 切り落とした端の部分を、皮の内側に入れて底にする。果肉は縦横1/2に切る。

4 カップに盛り付ける。

カップを作る2

1 両端を切り落としたキウイの中央に、ぐるっとV字の深い切り込みを入れて花切りにする。ナイフは中心部分まで深く入れて切り込んでいく。

2 2つに離す。

3 皮と果肉の間にナイフを入れ、キウイをまな板につけて回しながら切り離す。

4 切り落とした端の部分を、皮の内側に入れて底にする。

果肉を斜めに切る

5 果肉は横半分に切る。

6 更に縦に十字に切る。

7 4のカップに盛り付ける。

半月切りにした果肉を、斜め2等分に切る。

パイナップル

(アナナス科　原産地：アメリカ)

特徴
店頭に並んでいるほとんどが輸入もので、その8割以上がフィリピン産といわれています。しっかりとした硬い葉に、ゴツゴツした亀の甲羅のような果皮からは想像できない、甘くてジューシーな果肉が特徴。

旬・出回り時期
一年中楽しめます。

選び方
持つとずっしりと重く、葉はしっかり締まり小ぶりの濃い緑色で、果形は下半分が太ったしもぶくれた形のものを選びましょう。軸と反対側のおしりから2/3あたりまで果皮が黄色に色づき、甘い香りが強くなると食べごろのサインです。

スムース・カイエン

ゴールデンパイン

スムース・カイエン
世界的に多く生産されている品種。果汁がたっぷりでほどよい酸味があり、爽やかな味わい。

ゴールデンパイン
果肉は濃い黄色で、糖度が高く濃厚な甘みと爽やかな酸味が特徴。

葉を取る
葉だけを取る場合は、葉をつかんで左右に回して取る。

皮をむく
1　葉のほうを牛刀で水平に切り落とす。

2　底(枝つき)のほうも切り落とす。

3　まな板に立て、切り口に茶色くポツポツと見える芽の内側に牛刀を入れる。

4 芽に沿って切るようにしながら、縦に皮を切り落とす。

5 同様にして皮を切り落としながら一周する。

6 でき上がり。

| 単品盛り1

| 果肉を横・縦に切り分ける

1 皮をむいた果肉を立てておき、半分に切る。

2 芯の左右にⅤ字形に切り込みを入れる。

3 芯をはずす。

4 更に縦半分に切る。

5 同様にして4等分に切り分けた果肉。これを使い方に合わせてカットする。

6 果肉を横におき、ナイフの角度を変えながら、左右の厚みが不均等になるように横に切り分ける。

7 果肉を縦におき、ナイフの角度を変えながら、両端の厚みが不均等になるように縦に切り分ける。

単品盛り 2

皮つきで半月切りにし、果肉を抜く

1 端を切り落としたパイナップルを、3cm厚さの輪切りにする。

2 半分に切る。

3 まな板に立てておき、皮の内側、下から1cmほどのところに水平にナイフを入れ、まっすぐ切り進める。

4 皮まで1cmほどのところまでいったらいったんナイフを抜き、パイナップルの皮側が下になるようおき換え、切り込みの最後の部分からナイフを入れ、皮の内側を切っていく。

5 パイナップルをカーブに沿って動かすようにしながら、茶色の芽の内側を切り進める。

6 果肉をはずす。

7 果肉は斜め2等分に切り分ける。皮と果肉を組み合わせて盛り付ける。

芯抜きで芯を抜いて輪切りにする

1 上下を水平に切り落とし、皮をむいた果肉（p.53参照）をまな板に立てておき、中心に芯抜き器を差し入れる。

2 芯抜き器を回しながら下まで差し入れる。

3 芯を引き抜いて取り除く。

4 芯を抜き取った果肉。

5 用途に合わせ、適当な厚さの輪切りにする。

芯を残して果肉を取り出し、縦カップを作る

1 皮つきのまま、上下を水平に切り落としたパイナップルをまな板に立てておき、切り口にパイナップルカッターを当てる。

2 回しながら差し入れる。

3 果肉を引き抜く。

4 取り出した果肉は、極薄の輪切りがつながった形になる。ジャムやジュースに利用できる。

5 芯つきの縦カップのでき上がり。皮を2～3cm幅分切り落とし、更にV字に切り取っていく。中に他のフルーツを盛り付けたり、芯の部分にフルーツのスティックを刺したりできる（盛り付け例p.119、156）。

単品盛り3

ボートを作る（小）

1 葉つきのまま、まな板に立てておき、葉の間から包丁を入れる。

2 半分に切る。

3 2つに分ける。

4 半分を、更に3等分に切る。

5 芯を残すボートと、残さないボートが作れる。以下は芯を残すボート。

6 両端を切り落とさないように、芯の下のところに水平にナイフを入れ、底側から葉側に向けてまっすぐ切り進める。

7 葉まで1cmほどのところまでいったらいったんナイフを抜き、切り始めのところに戻って縦にナイフを入れ、更に皮側の茶色い芽の内側を切り進める。

8 6の切り終わりにつなげるようにする。

9 果肉をはずす。

10 果肉を食べやすい厚さに切る。

11 果肉を皮に戻し、互い違いになるように盛り付ける。

ボートを作る（大）

1 葉つきのまま縦半分に切ったパイナップルを、葉側を上にしておき、芯の右側に縦に3cmほどの深さの切り込みを入れる。

2 パイナップルの上下を返し、再び右側に切り込みを入れる。

3 1の切り始めのところに戻ってナイフを入れ、皮側の茶色い芽の内側を切り進める。

4 1の切り終わりにつなげるようにする。

5 反対側も同様に切る。

6 果肉をはずす。

7 反対側の果肉も同様に切り取る。

8 芯の部分の両端に切り込みを入れる。

9 芯の左右にV字の切り込みを入れ、芯をはずす。

10 残った果肉の左右にV字の切り込みを入れ、切りはずす。

11 もう一方も同様に切りはずす。

12 残った中央部分にもV字に切り込みを入れ、果肉をはずす。

13 でき上がったパイナップルボートと、切り出した果肉（盛り付け例はp.120）。

マンゴー

(ウルシ科　原産地：インド)

特徴
最近では、国産の栽培や輸入量の増加に伴い、より身近になってきました。濃厚な甘さと、とろけるようななめらかな舌触りが特徴。マンゴーはウルシ科の植物なので、かゆみが出たり、かぶれる場合があるので肌の弱い人は注意しましょう。

旬・出回り時期
国産は5月～8月ですが、輸入も多いので一年中楽しめます。

選び方
ふっくらとした形で、果皮にハリとツヤがあり斑点がないもの。触ったときにやわらかすぎるものは避けましょう。甘い香りが強くなったものは、完熟している証です。

カットについて
真ん中に平たい種があるので、それを避けるように縦方向にナイフを入れ、種のある部分とない部分の三つに分けます。果皮を下にして、果肉に縦と横に切れ目を入れて、果皮側から果肉を持ち上げると、花が咲いたように華やかな見た目になります。

アーウィン種
沖縄県や宮崎県でおもに栽培されているアップルマンゴーのほとんどがこの品種。果皮がリンゴのように赤く、果肉はオレンジ色。たっぷりの果汁に、濃厚な甘さとなめらかな舌触りが特徴。特に宮崎県独自のブランド「太陽のタマゴ」は、さまざまな基準をクリアしないと流通できないこともあり、贈答品としても利用されています。5月～8月ごろが出回りの時期。↓

カラバオ種
フィリピン産マンゴーの品種。日本に輸入されているほとんどが、フィリピン産のペリカンマンゴー。形がペリカンのくちばしのように細長い形をしていることから、この名が付いたといわれています。果皮は黄色で果肉も淡い黄色。ほどよい酸味と甘さ、なめらかな口当たりが特徴。一年を通して出荷されています。←

キーツ種
果皮が緑色の品種。→

キーツマンゴー
主産地は沖縄県。果皮は緑色、果肉はオレンジ色で、マンゴーの中でもかなり大玉なのが特徴。繊維が少なくなめらかで、たっぷりの甘みが堪能できます。生産量が少なめなので、希少価値の高い品種。8月～9月が出回りの時期。

グリーンマンゴー
主産地はカリフォルニア。果皮は鮮やかな緑色で果肉は黄色と、爽やかな色合いの品種。完熟しても果皮が緑色のままなのが特徴。コクのある甘みと、ほのかな酸味にとろりとした食感が楽しめます。9月～11月ごろが出回りの時期。

ケント種
メキシコやブラジルから輸入されるアップルマンゴーの品種。晩夏はこのケント種が主で、10月ごろより冬にかけては「トミーアトキンス種」に切り替わってきます。↑

3枚に切り分ける

1 枝つき側から、中央の平たい種の上に沿って水平にナイフを入れ、実を切りはずす。

2 マンゴーの上下を返し、**1**と同様にして反対側の実も切りはずす。

3 中央の種の部分と、両側の実の3枚に切り分けた状態。

単品盛り1

皮を切らないようにして、果肉を取り出す

1 マンゴー（前項のようにして種を切りはずしたもの）を立てぎみにおき、皮と果肉の間にナイフの刃先を入れ、マンゴーをまな板につけて回しながらぐるっと切り進める。

2 一周したら、マンゴーを向こう側に少し倒し、ナイフをもう少し深く入れて、**1**同様に切り進める。切っ先で皮を切らないよう注意する。

3 ナイフを皮に軽く押し付けるようにして切るとよい。

4 中央近くまで切ったらマンゴーをねかせてナイフを水平に入れ、果肉を切りはずす。

5 果肉を取り出し、ナイフの角度を変えながら、左右の厚みが不均等になるように切り分ける。

6 切り分けた果肉。

7 **6**の果肉の上に、はずした皮をかぶせる。

8 果肉を入れて裏返す。

9 果肉を互い違いに飛び出させて盛り付ける。

単品盛り 2

皮をアクセントにし、食べやすく切る

1 種をはずしたマンゴー（前頁のようにして種を切りはずしたもの）を、更に2等分のくし形に切る。

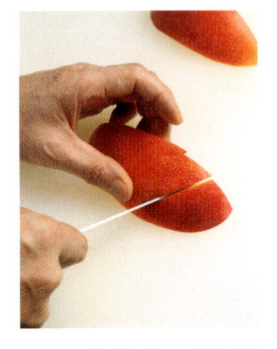

2 2cmほど（3〜4等分）の厚さの斜め切りにする。

3 皮と果肉の間にナイフを入れる。

4 皮を切りはずす。

5 皮を途中まで切り離す。

6 途中で斜めに切り落とす。

7 種の部分（前頁参照）は、種に沿ってナイフを入れ、まわりの実を切りはずす。

8 皮と果肉の間にナイフを入れ、皮を切りはずす。これを食べやすく切り分ける。

単品盛り3

亀甲切り（大亀）

1 マンゴー（p.59のようにして種を切りはずしたもの）を片手に持ち、切り口に、ナイフの刃先で格子状の切り込みを入れていく（刃が皮に当たるところまでナイフを入れる）。

2 皮を切らないようにしながら切り進める。

3 皮の中央を軽く押すようにしてそり返すと、亀の甲羅のようになる。

亀甲切り（小亀）

1 マンゴーの一部を、切り口が丸くなるように小さめに切り取る。

2 前項同様にして、格子状の切り込みを入れていく。

3 そり返す。

パパイヤ

(チチウリノキ科　原産地：熱帯アメリカ)

特徴
果皮は未熟だと緑色ですが、追熟すると黄色に変わります。果肉は鮮やかな黄色や赤橙色で、中心部に小さな黒い種が詰まっているのが特徴。酸味はほとんどなく、甘く濃厚で、やわらかくなめらかな舌触りが楽しめます。独特な香りがするので、レモンやライムをかけて食べると、よりおいしくなります。

旬・出回り時期
ほとんどがハワイとフィリピンから輸入されているので、一年中楽しめます。国産は5月〜8月。

選び方
手で持ってずっしりと重く、果皮はなめらかでツヤがあるもの。表面が乾燥していたり、シワがあるものは避けましょう。全体的に黄色に色づき、指で押すと弾力があるものは食べごろです。

カットについて
縦半分にカットして種をスプーンで取り除き、更に2等分してそのままスプーンですくって食べます。8等分のくし形に切り、皮と果肉の間をナイフで切って、果肉を一口サイズにするのもおすすめです。

サンライズ
別名「サンライズソロ種」とも呼ばれる品種。果肉が赤いのが特徴で、独特な香りはソロ種にくらべて薄め。糖度が高く、さっぱりとした口当たり。

ソロ
パパイヤの代表的な品種。熟すと果皮は黄色くなり、果肉はねっとりとした食感で、甘みがあり、独特な香りがある。

単品盛り

くし形切りのバリエーションを使って。

くし形切り

1 枝つき側を水平に切り落とす。

2 縦半分に切る。

3 スプーンなどを使い、種を取り出す。

4 4等分のくし形に切る。

5 でき上がり。

飾り切り1

1 皮と果肉の間にナイフを入れ、3/4ぐらいまで切る（この頁の皮の飾り切りは、すべてこれを使用）。

2 皮の片側に斜めに1本切り込みを入れる。

3 皮の先端を、果肉に沿って内側に曲げる。

飾り切り2

1 皮の片側に斜めに2本切り込みを入れる。

2 皮の先端を、果肉に沿って内側に曲げる。

飾り切り3

1 皮の両側に斜めに切り込みを入れる。

2 左右対称になるように切る。

3 皮の先端を、果肉に沿って内側に曲げる。

盛り付け例

p.118参照。

ボートを作る

1 半割りにして種を除いたパパイヤ（p.63参照。座りをよくするため、下になる部分を水平に少し切り取る）の果肉を、くり抜き器を使って丸くくり抜く。

2 でき上がったパパイヤボートと果肉のボール。

3 他のフルーツと一緒にボートに盛り合わせる。

盛り付け例

ザクロの粒を盛り込んで。

パパイヤの花

1 パパイヤの枝つき側を水平に切り落とし、切り口から3cmほど下のところに、ぐるっと3〜4mm深さの切り込みを入れる。

2 花落ち側から**1**の切り込みに向けて、縦に皮をむいていく。

3 むき終わったら、枝つき側の切り口にナイフを入れて丸く切り取る。

4 できた穴からバースプーンなどを使って種を取り出す。

5 枝つき側を下にして立てておき、端から深い切り込みを入れていく。**1**の切り込みのやや上で止めるようにしながら、狭い等間隔で入れていく。

6 中央部分を2cm幅ほど残し、反対側にも同様の切り込みを入れる。

7 左右に開くと、中心部分に他のフルーツなどを盛り付けることができる。

リンゴ

(バラ科　原産地:コーカサス地方が定説)

特徴
大きく分けて果皮の色が赤色と、黄緑色の品種があり、日本で生産されている8割が赤いリンゴといわれています。品種によって酸味や甘さのバランス、果汁の量や食感が違うので、好みの品種を見つけるのがおすすめです。

旬・出回り時期
9月～1月がシーズンですが、最近では貯蔵技術も高くなり、一年中楽しめます。

選び方
果皮の色が鮮やかに発色し、ハリとツヤがあり、持ったときにずっしりと重みがあるもの。指で弾くと澄んだ音がして、軸が緑色でしっかりしているものは新鮮な証拠。

カットについて
くし形切りが一般的ですが、皮の飾り切りも簡単に楽しめます。切り口が変色しやすいので、色止めをしながらカットします。

ふじ
「国光」と「デリシャス」を掛け合わせて誕生した、国内でもっとも多く栽培されている日本を代表する品種。果皮は鮮やかな紅色で、味は甘みと香りが強く、ほどよい酸味とシャリシャリとした歯応えが特徴。中でも蜜入りのふじリンゴは絶品です。10月下旬から出回ります。

シナノスイート
主産地は長野県。「ふじ」と「つがる」を交配して誕生した品種。果皮は赤色で、薄くしま模様が入るのが特徴。強い甘みの中に、ほのかな酸味があり香りも豊かです。10月上旬からが出回りの時期。

秋映（あきばえ）
主産地は長野県。「千秋」と「つがる」を交配して生まれた品種。果皮は温かい土地で収穫すると赤色、寒い地域や標高の高い土地で収穫すると黒っぽい赤色に染まるのが特徴。果汁はたっぷりで適度な酸味と甘み、しっかりした歯応えが楽しめます。10月中旬～下旬が最盛期。

ジョナゴールド
主産地は青森県。アメリカで「ゴールデンデリシャス」と「紅玉」を交配して誕生した品種。果皮はピンクがかった赤色で甘みと酸味のバランスがよく、果肉が硬く緻密でシャキシャキとした食感が特徴。10月中旬～11月上旬が最盛期。

弘前ふじ
主産地は青森県。弘前市で発見され、果形は「ふじ」と似ています。果皮は濃い赤色でしま模様に染まります。果汁は多く、果肉はやわらかめで酸味が少ないのが特徴。9月下旬から出回ります。

紅玉
アメリカで発見された別名「ジョナサン」という品種。果皮は深い紅色で、果汁が多く、酸味が強い爽やかな食味。煮込んでも煮崩れしにくい肉質をしているので、アップルパイやタルトなど、お菓子作りに適しています。10月上旬から出回ります。

とき
主産地は青森県。「王林」と「紅月」を交配して誕生した品種。果皮は黄色で、果肉は淡い黄色。果汁が多く酸味と甘みのバランスがよく、香りが強いのが特徴。10月上旬から出回ります。

スターキング
アメリカで「デリシャス」の枝変わりとして誕生。形は長円形で果皮は濃い赤色、香りがよく甘みもあり食味は良好。熟すと蜜が入りやすいのが特徴。10月中旬からが出回時期。

ブラムリー
主産地は長野県。イギリスの家庭に1本あるといわれるほど、イギリス人に馴染み深い品種。果皮は黄緑色で果肉はかなり締まっていて、酸味がとても強いのが特徴。生で食べるよりも、加工して料理用に使います。日本の市場に出回ることが、ほとんどない貴重なリンゴです。

アルプス乙女
「ふじ」と「紅玉」から偶発実生した品種。直径が4cmほどしかない小ぶりサイズで、果皮は濃い紅色で果肉はやや硬く、甘みと酸味がしっかりあります。屋台などのリンゴ飴にもよく使われています。

ミニふじ
主産地は青森県三戸町。「ふじ」から改良して誕生した新品種。果形が4～5cmほどしかないミニサイズで、甘みと酸味のバランスもよく、肉質も硬めで歯応えがあり、「ふじ」に勝るとも劣らぬ味。長期保存できるのが最大の特徴。ビニール袋に入れて冷蔵庫で保存すれば、2カ月ほど持ちます。10月下旬～11月中旬が出回り時期。

丸のまま皮をむく

1 枝つき側から皮をむいていく。

2 丸むきの完成。

くし形切り

1 縦半分に切る。枝は邪魔なら取っておく(枝をつまんで固定し、リンゴを回すと簡単に取れる)。

2 更に半分に切る。

3 更にそれぞれ半分に切る。

4 少しカーブをつけて端を切り、中央を浅くV字に切るようにして、芯を切り取る。

5 果肉側を下にして盛り付ける場合は、芯側が直線になるよう垂直に切り落とす(p.68〜70の飾り切りは、すべてこれを使用)。

飾り切りいろいろ

飾り切り1

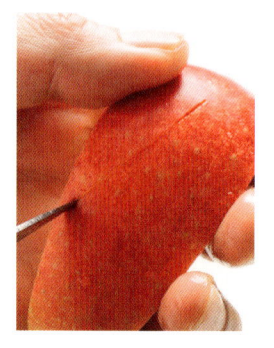

1 くし形切りのリンゴの皮側に、V字の切り込みを入れる(果肉を浅く切るくらいまで)。

2 端から皮と果肉の間にナイフを入れ、**1**の切り込みのところまで切る。

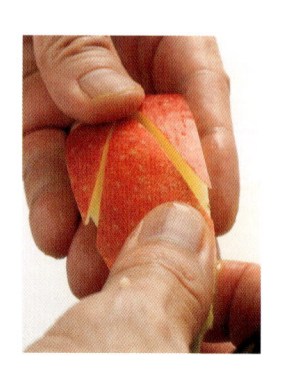

3 皮をはずす。

単品盛り1

くし形切りのバリエーションを使って。

飾り切り2

1 くし形切りのリンゴの皮側に、W字の切り込みを入れる（果肉を浅く切るくらいまで）。

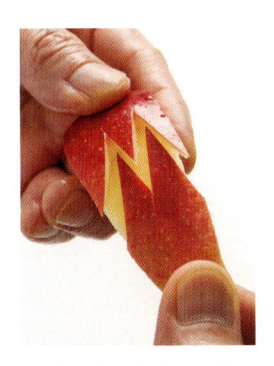

2 端から皮と果肉の間にナイフを入れ、**1**の切り込みのところまで切って、皮をはずす。

飾り切り3

1 くし形切りのリンゴの皮側に、縁の皮を残すようにしながら切り込みを入れる（枝つき側はW字に切る）。

2 皮と果肉の間にナイフを入れ、W字の切り込みのところまで切る。皮の左右の端を切らないように注意し、W字の先端まで切り離したらナイフを止める（枝つき側は、皮を切り離さない）。

3 切り込みの内側の皮をはずす。

斜め切り

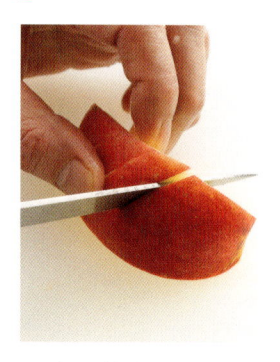

1 くし形切りのリンゴを、斜め5等分に切り分ける。

2 ずらして盛り付ける。

V字切り

1 くし形切りのリンゴに、V字にナイフを入れて切り離す。

2 1の切り目の内側もV字に切り離す。

3 2の切り目の内側も、同様に切り離す。

4 果肉をずらす。

木の葉切り

1 1/6のくし形切りのリンゴの皮側に、端を5mmほど残して左右からV字の切り込みを入れて、切り離す。

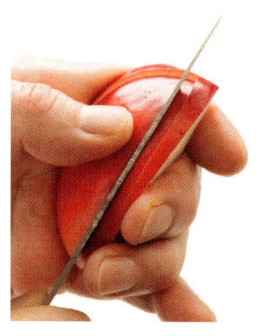

2 1の切り目の内側もV字に切り離す。

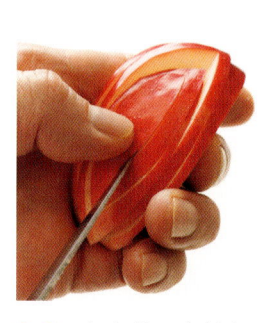

3 2の切り目の内側も、同様に切り離す。

4 3の切り目の内側も同様に切り、果肉をずらす。

単品盛り2

輪切りと飾り薄切りを使って。

飾り薄切り

1 縦半分に切って芯を除いたリンゴの皮に、ピーラーで筋を入れる。

2 切り口を下にしてまな板におき、端から極薄切りにする。

3 1/4量ずつまとめ、ずらして重ねて扇のようにする。

輪切り

1 枝つき側から芯抜き器を差し入れ、芯を抜く。

2 芯を抜いた状態。

3 適当な厚さの輪切りにする。

4 ずらして重ねる。

単品盛り3

リンゴのスワンカップ

1 スワンの首の部分を、水性ペンでリンゴに描く。ラインに沿って深くナイフを入れ、切っていく。

2 残りの部分はフリーハンドで適当な波状に切っていき、首の両端につなげる。

3 上の部分の実をはずす。

4 折れないように注意しながら、首の部分の果肉を切り取る。

5 切り取り完了。

6 くり抜き器で中の果肉をくり抜いて、カップ状にする。

7 3ではずした実の端を切り整え、極薄切りにする。足りない場合は他のリンゴも使用する。

8 何枚かずつまとめ、ずらして重ね、羽のようにする。

9 6のカップに8の薄切りリンゴを広げて盛り付け、翼のようにする。

盛り付け例

リンゴのケース

上のリンゴをかぶせた状態で提供し、自分で開けてもらうとよい。

1 リンゴの上から2/3ほどのところに（中に他のフルーツを盛り付けるので、上の部分が大きくなるようにする）、V字の切り込みをぐるっと入れていく（ナイフを中心部分まで差し込んでは抜く、を繰り返す）。

2 2つに離す。

3 下のリンゴの内側の果肉を、くり抜き器でくり抜いていく。

4 上のリンゴの内側の果肉も同様にくり抜く。

5 でき上がったリンゴのケース。中にいろいろなフルーツを盛り付けることができる。

ナシ（和ナシ）

(バラ科　原産地：中国、中央アジア)

特徴
みずみずしくジューシーで、サクサクした食感と甘みが特徴。果皮の斑点のようなザラザラ感は、完熟になるとなめらかになるので、食べごろのサインになります。

旬・出回り時期
8月～10月が最盛期。

選び方
手で持つとずっしりと重く、形が左右対称で丸みのあるもの。果皮にハリがあり傷がなく、軸がしっかりとして弾力のあるものを選びましょう。

カットについて
軸側よりも果頂部（花落ち側）のほうが甘いので、甘さが均等に分かれるように、くし形切りがおすすめです。果芯部に少し酸味があり、皮に向かって糖度が高くなってくるので、皮はできるだけ薄くむきましょう。

二十世紀
主産地は鳥取県ですが、千葉県で偶然発見された品種。中玉で果皮は黄緑色、果肉は甘みと酸味のバランスがよく、果汁たっぷりでシャリシャリとした食感が楽しめます。8月下旬～10月上旬が出回り時期。

幸水（こうすい）
主産地は千葉県。「菊水」と「早生幸蔵」を交配して誕生し、現在では日本を代表する品種に。中玉の扁円形で、果頂部（花落ち側）が大きくへこんでいるのが特徴。果肉はやわらかくジューシーで、強い甘みが口に広がります。8月上旬～下旬が最盛期。

秋麗（しゅうれい）
主産地は、熊本県、鳥取県。「幸水」と「筑水」を交配して生まれた品種。果皮は黄緑色で、果肉果汁が多く、上品な甘さと歯切れのよい食感です。果皮が薄く傷つきやすいことから扱いが難しく、流通量が少ないのも特徴。

にっこり梨
主産地は栃木県。「新高」と「豊水」を交配して栃木で誕生した品種。約800ｇもある大玉で、果肉はやわらかく、甘さは強く酸味は少なめです。10月下旬から出回る晩生種。

南水（なんすい）
「越後」と「新水」を交配して誕生した品種。果皮は褐色、果肉は比較的やわらかで酸味が少ないのが特徴です。出回り時期は9月中旬～10月。

彩玉（さいぎょく）
大玉でどっしりと重たいのが特徴。埼玉県のブランドとして市場に出回っており、食味がよく「幸水」と「豊水」の間に出回ります。

▎単品盛り1

▎くし形切り

1 縦半分に切る。

2 芯の左右にV字形に切り込みを入れ、芯をはずす。この後くし形切りにする。

▎飾り切り1

▎飾り切り2

3 皮と果肉の間にナイフを入れ、2/3ほどのところまで皮を切り離す（この頁の飾り切りは、すべてこれを使用）。

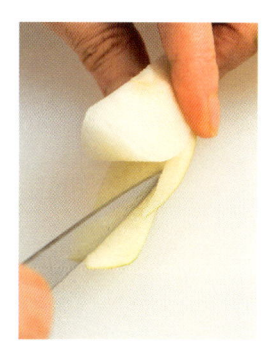

切り離した部分の皮に、先端方向からV字形の切り込みを入れ、皮を切り離す。

1 切り離した部分の皮に、先端方向からW字形の切り込みを入れ、皮を切り離す。

2 でき上がり。

▎飾り切り3

▎飾り切りいろいろ

1 切り離した部分の皮の両側に、斜めの切り込みを1本ずつ入れる。

2 皮の先端を、果肉に沿って内側に曲げる。

3 でき上がり。

単品盛り2

かつらむきにする

1 横半分に切る。

2 下の部分は、くり抜き器で芯をくり抜く。

3 上の部分は、枝つきの部分を水平に切り落とす。

4 皮をむく。

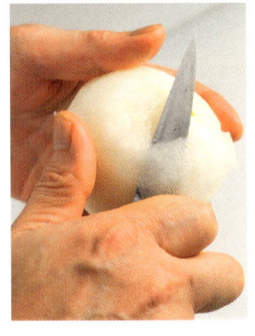

5 2cmほどの幅で、果肉を薄くむいていく（かつらむき）。

6 途中で切れないように注意しながら、芯のところまでむく。

7 かつらむきにしたものを、やわらかく巻いてまとめ、下の部分に盛り付ける。

西洋ナシ（洋ナシ）
（バラ科　原産地：ヨーロッパ）

特徴
果形は少しでこぼこして無骨な感じですが、果肉は甘く果汁たっぷりで、とろけるようなやわらかな舌触りが楽しめます。西洋ナシ特有の芳醇な香りも特徴。

旬・出回り時期
10月～12月。

選び方
果実に弾力があり、重量感のあるもの。独特の甘い香りを放ち、果実の肩の部分と軸の反対側のおしりの部分がやわらかくなると食べごろです。果皮に傷があると腐りやすいので、よく確認しましょう。

カットについて
西洋ナシは軸と反対側の果頂部に甘みがあるので、和ナシのようにくし形切りにするのがおすすめです。

カリフォルニア
主産地は山形県。アメリカ原産で、果皮が赤色なのが特徴。完熟すると果皮の赤色の部分が更に赤くなり、緑色だった部分は黄色に変わります。糖度が高くほどよい酸味と、なめらかな舌触りが楽しめます。日本では珍しく、希少価値の高い品種。10月上旬から出回ります。

ゼネラル・レクラーク
フランス原産。ずんぐりした形で果皮が黄褐色であるため見栄えはしませんが、大果系で果汁が豊富。酸味のきいた爽やかな食味と特有の芳香を漂わせ、キメ細かくとろけるような食感です。

オーロラ
主産地は山形県。「マルグリット・マリーラ」と「バートレット」を交配してアメリカ、ニューヨーク州で誕生した品種。芳醇な香りと濃厚な甘みに、とろけるような食感が特徴。食べごろになると、果皮が緑色から黄色に変わります。9月上旬から収穫される早生種。

ラ・フランス
主産地は山形県。フランスが原産で西洋ナシの最高峰といわれている品種。ゴツゴツした姿からは想像がつかない、香り豊かで濃厚な甘み、なめらかでとろけるような口当たりが特徴。10月中旬からが出回り時期。

バラード
「バートレット」と「ラ・フランス」を掛け合わせた山形県生まれの品種。サイズは大玉で酸味がほとんどなく、糖度が高いのが特徴。西洋ナシ独特のなめらかな口当たりで果汁も豊富。10月上旬ごろから出回ります。

マリグリット・マリーラ
主産地は山形県。フランス原産の果実が大きい品種。ほのかな酸味とさっぱりとした甘みに上品な香りが特徴。9月下旬～10月上旬が出回りの時期。

単品盛り1

飾りくし形切り

1 枝つき側の、上から2～3cmほどのところに、ぐるっと一周切り込みを入れる（果肉を浅く切るくらいの深さに）。

2 花落ち側を、水平に切り落とす。

3 花落ち側から**1**の切り込みに向けてナイフを動かし、縦に皮をむいていく。

4 皮をむき終えたら、縦半分に切る。

5 半分に分ける。

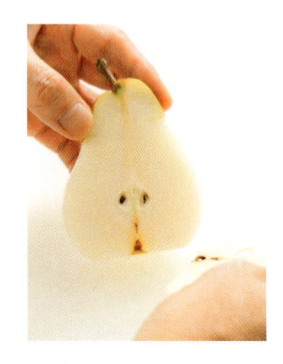

6 くり抜き器で、中心の芯をくり抜く。

7 下の部分の芯は、V字に切り取る。

8 1/8のくし形切りにする。

9 でき上がり。

単品盛り2

カップを作る

1 縦半分に切った洋ナシの中心の芯を、くり抜き器でくり抜く。

2 下の部分の芯は、V字に切り取る。

3 くり抜き器で、果肉をできるだけ丸くくり抜く。

4 外側はカップとして使うので、残すようにする。

5 座りをよくするため、下になる部分を水平に少し切り取る。

6 洋ナシのカップに、丸く抜いた果肉を盛り付ける。

単品盛り 3

飾りむきした洋ナシを中心におき、まわりに切り分けた果肉を盛る。

皮をむいて切り分ける

1 洋ナシの枝つき側を、水平に少し切り落とす。

2 花落ち側も、同様に切り落とす。

3 花落ち側から枝つき側に向かってナイフを動かし、皮を縦にむいていく。

4 丸むきの完成。

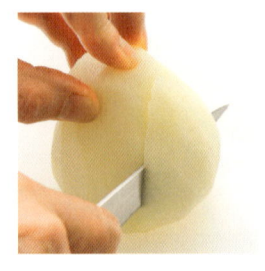

5 芯を避けるようにして四方を切り落とす。

6 更に食べやすい大きさに切り揃える。

飾りむき

1 洋ナシの、枝つき側から1/3ほどのところの皮に、V字の切り込みをぐるっと入れていく。

2 果肉を浅く切るくらいの深さに切る。

3 花落ち側を、少し水平に切り落とす。

4 花落ち側から2の切り込みに向かってナイフを動かし、皮を縦にむいていく。

5 ギザギザの部分は、皮と果肉の間にナイフを入れて切り離し、下の皮をはずす。

6 花落ち側をくり抜き器でくり抜き、中の芯と種を除く。

7 でき上がり。

単品盛り4

カップを作る

1 洋ナシの上から1/3ほどのところに、V字の深い切り込みをぐるっと入れていく(ナイフを中心部分まで差し込んでは抜く、を繰り返す)。

2 2つに離す。

3 下の洋ナシの内側の果肉をくり抜く。

4 くり抜き器でくり抜くとよい。

皮をむいて切り分ける

1 洋ナシの皮をむく(前頁参照)。

2 1/8のくし形切りにし、更に斜め切りにする。

3 洋ナシのカップに、盛り付ける。

モモ・ネクタリン

(バラ科　原産地：中国)

特徴
果汁がたっぷりでジューシーな果肉は、甘くてやわらかな食感。モモは多彩な品種が揃っているので、味の違いを楽しむことができるのも特徴。ネクタリンはモモの変種。アブラモモとも呼ばれています。モモよりひと回り小さく、モモのような毛がありません。果皮が鮮紅色で果肉が赤紅色～黄色や白色。強い甘みと酸味があり、濃厚な味わいです。生産地はおもに長野県。

旬・出回り時期
6月下旬～8月。

選び方
形が丸く整っていて持つと重みがあり、甘い香りを放ち、果皮全体がきれいに色づいているもの。モモはうぶ毛が生えているものがおすすめです。

カットについて
割れ目に沿ってナイフを入れ、種に当たったら一周回すように切り込みを入れます。両手で持ち、ひねるようにして2つに分けます。種はスプーンやペティナイフで取り除きましょう。モモの果皮を丸ごとむきたいときは、熱湯につけてからすぐに冷水で冷やすとむけやすいです。

[モモ]

浅間白桃
清水白桃
黄金桃

黎明（れいめい）
「反田ネクタリン」と「インデペンデンス」の交雑実生。甘みは強く酸味は少なく、果肉は緻密でなめらか。出回りは7月下旬。

晶光（しょうこう）
「晶玉」と「反田ネクタリン」を交配して誕生した品種。果皮は鮮やかな赤色で、果肉は白色。とても甘く酸味が少なく、緻密な果肉からあふれ出る果汁が特徴。モモに似た食味です。7月下旬からが出回り時期。

[ネクタリン]

黎明
晶光
メイグランド

清水白桃
主産地は岡山県。白桃種の偶発実生として生まれた、香りがよく甘みの強い上質な品種。白い肌にぼかしたピンク色が上品。8月のお盆あたりが旬。

浅間白桃
主産地は山梨県。大玉の傾向で果皮の赤みは鮮やか、芳醇な香りに甘い果肉、そして歯応えが楽しめる。外観、味覚、食感の3拍子揃った品種。7月下旬～8月上旬が出回り時期。

黄金桃
日本の白桃に対して外国ではほとんどが黄桃。最近まで黄桃には「缶詰のモモ」のイメージがありましたが、生で食べてもひじょうにおいしいものが栽培されるようになりました。黄金桃は、果肉が締まっていて心地よい歯触りと濃厚な甘さが特徴。

メイグランド
早生種で早めに出回ります。水分はやや少なめですが、味は濃厚です。

種を取り、くし形に切る

1 種に当たるまで、縦にナイフを入れる。

2 種のまわりをぐるっと一周させて切る。

3 左右のモモを両手でやさしく持ち、反対側に回すようにしながらはずす。

4 片側の果肉に種がついている。

5 種のまわりをナイフの先で切る。

6 種をはずす。

7 くし形に切る。

種が割れてしまった場合

半分に切っているときに種が割れてしまうことがある。

その場合は両側の種を取り除く。

単品盛り

白桃と黄金桃を使って。

皮をむく1

1 くし形切りのモモを縦ぎみにおいて、皮と果肉の間にナイフを入れる。

2 モモをカーブに沿って動かすようにしながらナイフをすべらせ、皮を切り離す。

皮をむく2（早くむく場合）

3 皮をむいたくし形切り。

1 半分に切って種を除いたモモ（前頁参照）の、枝つき側の皮をナイフで引っ掛け、果頂部に向けて、はがすようにむいていく。

2 むき終わったらくし形に切り分ける。

プラム（スモモ）

（バラ科　原産地：中国、日本）

特徴
甘酸っぱい味とたっぷりな果汁が夏にぴったり。プラム（スモモ）は大きく分けて、「日本スモモ（プラム）」と「西洋スモモ（プルーン）」の2つに分かれます。日本スモモは生食用として、西洋スモモは生食用のほか、ジャムやコンポート、ドライフルーツ用として栽培されています。

旬・出回り時期
6月～8月。

選び方
手で持つと見た目よりも重量感があり、果皮にハリと弾力があるもの。全体に果粉（ブルーム）がついているのが新鮮な証拠。品種特有の甘い香りがしたら食べごろです。

カットについて
種の取り方や皮のむき方は、モモやネクタリンと同じです。皮をむかずに、そのままガブリと食べるのもおすすめです。

サマーエンジェル
主産地は山梨県。「ソルダム」と「ケルシー」を交配して誕生した品種。中玉で、果皮は紅色で果肉は淡い黄色。果汁が豊富で、適度な酸味と強い甘みが特徴。7月下旬～8月が出回りの時期。

貴陽（きよう）
主産地は山梨県。「太陽」から自然交雑実生して誕生した品種。モモと間違うほどの大玉で、果皮は赤紫色、果肉は淡い黄色です。とてもジューシーで、甘みが強く酸味が少ないのが特徴。8月上旬が旬。

太陽
主産地は山梨県。プラムの中では大玉の品種で、果皮は濃い赤紫色、果肉は乳白色。熟してくると実に弾力が増し、甘みも強くなります。日持ちがよいのも特徴です。8月が旬。

サンタローザ
アメリカで日本プラムとアメリカプラムを交配して誕生した、世界中で栽培されている品種。果皮は鮮やかな赤色で、果肉は黄金色。糖度が高いので、酸味とのバランスを楽しめます。7月下旬から出回ります。

ソルダム
アメリカから導入された日本プラム。果皮は緑色に対して、果肉は鮮やかな赤色をしているのが特徴。酸味と甘みのバランスがよい、爽やかな味わい。6月下旬～7月下旬が出回りの時期。

プルーン
西洋プラムの「シュガープルーン」や「スタンレイ」が代表的な品種。甘みが強く、酸味が少なく、乾燥させて食べることが多いのが特徴。果皮は濃い青紫色で、果肉は黄緑色や淡い黄色などがあります。

| 単品盛り

木の葉形に切った皮を添えてアクセントに。

| 種を取り、くし形に切る

1 モモ同様に、種のまわりにぐるっとナイフを一周させて切る。

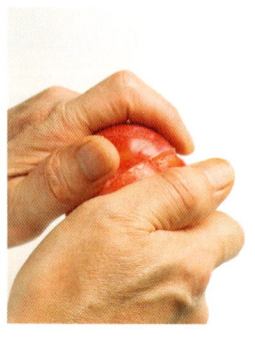

2 左右の果肉を反対側に回しながら、2つに分ける。

3 種が片側についている。

4 種のまわりをナイフで切り、種をはずす。

皮をむく

5 種を除いた実。

6 くし形に切る。

1 皮と果肉の間にナイフを入れる。

2 プラムをカーブに沿って動かすようにしながらナイフをすべらせ、皮を切り離す。

皮をむき、食べやすく切る

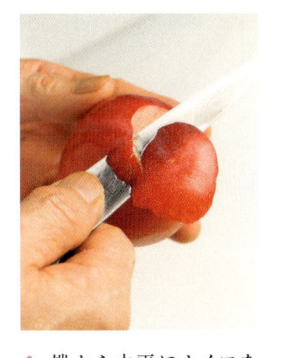

3 皮をむいたくし形切り。

1 端から水平にナイフを入れ、果肉に沿って、ナイフを当て、プラムを回しながら皮を丸くむいていく。

2 一定の幅でむいていく。

3 丸むきの完成。

4 種のまわりの四方の果肉を、縦に切り落とす。

5 この後食べやすい大きさに切る。

87

カキ
（カキノキ科　原産地：日本を含むアジア）

特徴
大きく分けるとカキには「甘柿」と「渋柿」があります。果肉はやわらかいものから、歯応えのあるものまで、品種によって違う食感が楽しめます。「渋柿」を干し柿にすると渋みは自然に抜けます。

旬・出回り時期
出荷最盛期は9月〜12月ですが、ハウス栽培のものは8月から出回ります。

選び方
ヘタがしっかりとしていて、果実にぴったりとくっつき、ヘタと実の間に隙間のないもの。持つとずっしりと重みがあり、全体的にきれいに色づき、果皮にハリとツヤがあるものがおすすめです。

カットについて
カキには4本の溝があるので、その溝に沿ってカットすると、種を切らずにカットできます。

西村早生

次郎柿

太秋柿

筆柿

富有柿

刀根柿

西村早生（にしむらわせ）
滋賀県生まれの品種。種が少ないと渋みが残る不完全甘柿。果肉は淡い橙色でやや硬く、味は淡白です。果肉にゴマ（黒い斑点）が入っているのが甘い証拠。9月下旬～10月上旬が出回り時期。

太秋柿（たいしゅうがき）
カキの中ではサイズが大きく、ナシを連想させるような独特のシャリシャリとした食感と甘みが強いのが特徴。果皮に輪状に条紋（横筋）が入っているものは、糖度が高いといわれています。10月中旬～11月中旬が出回り時期。

次郎柿（じろうがき）
主産地は愛知県と静岡県。完全甘柿で果形は平たく四角張っていて、果肉は硬めで歯触りがよく、糖度が高いのが特徴。10月中旬～11月上旬が最盛期。

富有柿（ふゆうがき）
生まれは岐阜県。もっとも多く流通している、完全甘柿の代表的品種。果皮は橙色で甘みが強く果汁もたっぷり。果肉はやわらかく、とろけるような食感です。11月上旬～中旬が最盛期。

刀根柿（とねがき）
奈良県生まれの品種。渋柿の平核無柿の早生種で、果形は平たく、種がありません。脱渋処理をしているので、甘くてまろやか。果肉もやわらかく、果汁もたっぷりです。9月中旬～10月下旬が最盛期。

筆柿（ふでがき）
主産地は愛知県。果形が筆の形に似ていることから、この名が付いたといわれています。サイズは小ぶりで、甘みが強く果肉は硬めでコリコリとした食感。不完全甘柿なので、甘みが出るとゴマ（黒い斑点）が入ります。9月下旬～11月中旬が出回りの時期。

皮をむき、くし形に切る

1 ヘタのまわりをナイフで切る。

2 ヘタをくり抜く。

3 2の切り口からナイフを入れ、皮をむいていく。

4 一定の幅でむいていく（すべるので気をつける）。

5 丸むきの完成。

6 半分に切る。

7 更にくし形切りにする。

8 でき上がり。

単品盛り1

飾り切り1

1 ヘタをくり抜いた実（前頁参照）を半分に切る。

2 くし形に切る。

3 皮と果肉の間にナイフを入れ、2/3ぐらいまで切る（果肉を浅く切るくらいに）。

4 切り離した部分の皮を、先端方向からV字に切り取る。

飾り切り2

5 でき上がり。

1 前項同様に皮を切り離す。

2 斜めに切り落とす。

カップを作る1

1 ヘタ側を、厚めに水平に切り落とす。

2 下のほうも水平に切り落とす。

3 横半分に切る。

4 下側の実をまな板に立てておき、皮と果肉の間にナイフを入れ、カキを回すようにしながら果肉を切り抜く。

5 **4**に**2**で切り落とした部分を入れ、カップの底にする。

6 **3**で切り分けた残りの部分は皮をむき、半分に切る。

7 まな板に立てて薄切りにする。**4**で切り抜いた果肉も同様に切る。＊実のやわらかい、種なしの刀根柿などが薄切りに向いている。

8 **5**のカップに**7**の薄切りの果肉を、外側から内側に向かい、花のように盛り付けてゆく。

9 でき上がり。

バリエーション

くり抜き器で丸く抜いた果肉を盛り付ける。

単品盛り2

カップを作る2

1 カキの中央部分に、V字の深い切り込みをぐるっと入れていく（ナイフを中心部分まで差し込んでは抜く、を繰り返す）。

2 2つに離す。

3 下のカキの内側の果肉を、くり抜き器でくり抜き、くし形切りのカキ（p.89参照）を盛り付ける。＊**2**の上の部分のカキの皮をむき、切り分けて盛り付けてもよい。

アケビ
（アケビ科　原産地：東アジア）

特徴
果皮は鮮やかな紫色、果肉は乳白色のゼリー状で黒い小さな種がたくさん入っています。さっぱりした甘みが特徴。ほろ苦い味が魅力の果皮は、揚げ物や炒め物など調理して使われます。市場に出回っているほとんどが山形県産。

旬・出回り時期
9月上旬～10月下旬。

選び方
果皮にハリがあり、きれいに色づいているもの。色づかない「白あけび」もあるので注意。果実が割れると完熟したサインです。

種を取り出す

1 縦半分に切る。

2 種を取り出す。

ビワ

(バラ科　原産地：中国)

特徴
初夏になると店頭に並び、季節を感じさせてくれるフルーツのひとつ。約90％が水分といわれ、やわらかな食感に爽やかな甘みとほのかな酸味が特徴。葉や種は漢方薬の材料としても利用され、民間療法などで昔から、むだのない果実として親しまれています。

旬・出回り時期
4月～6月上旬。

選び方
果皮全体が橙色に色づき、傷がなくハリがあるもの。果形はきれいな卵型で弾力があるものを選びましょう。うぶ毛のようなものが残っているのは新鮮な証拠です。

カットについて
モモと同様にして半分に切り分け、種と茶色のワタの部分はくり抜き器やスプーンなどで取り除きます。

単品盛り

皮をむく

1　枝付き側と、花落ち側を、水平に少し切り落とす。

2　切り口の端からナイフではがすようにして、皮をむく。

3　種に当たるまで、縦にナイフを入れ、種のまわりをぐるっと一周させて切る。

4　左右のビワを両手でやさしく持ち、反対側にひねるようにしながら分ける。

5　くり抜き器を使い、種と薄皮を取り除く。この後くし形切りや半月切りなどにする。

花切り

1　両端を切り落としたビワの切り口から小さなくり抜き器を入れて、種と薄皮を取り除く。

2　輪切りにする場合はこの後皮をむき、切り分ける。

3　中心部分にV字の切り込みをぐるっと入れていく（ナイフを差し込んでは抜く、を繰り返す）。

4　2つに離す。

5　ナイフではがすようにして、皮をむく。

イチジク

(クワ科　原産地：アラビア南部)

特徴
果皮は赤紫色で、果実のまわりは白く中心部は赤く、つぶつぶが詰まっています。この部分が花で、独特の食感はここから生まれています。果肉はやわらかく、甘みはさっぱりとしているのが特徴。

旬・出回り時期
ハウス栽培のものは4月下旬から出回りますが、8月中旬〜11月上旬が最盛期。

選び方
ふっくらと形が整い、果皮にハリとツヤがあり、全体的に赤紫色に色づいているもの。果頂部（花落ち側）が割れて、少し果肉がのぞいていると完熟の証拠。未熟な実を食べると、胃を痛める恐れがあるので注意。

カットについて
皮つきでも食べられますが、皮はバナナのときの要領で、軸からむくと手で簡単にむけます。くし形切りにして、皮と果肉の間にナイフで切れ目を入れて食べるのもおすすめです。

黒イチジク（ビオレソリエス）
フランス原産で果皮は濃い紫色、果肉は赤紫色でやわらかく糖度が20度前後もあり、果頂部（花落ち側）が裂けにくいのが特徴。生産農家が少なく、あまり出回らない貴重な品種。9月中旬〜11月中旬が出回り時期。←

桝井（ますい）ドーフィン
アメリカ生まれで、日本でもっとも普及している品種。果皮は薄く熟すと赤褐色になり、果肉の中心部がピンク色に色づきます。さっぱりとした甘さと独特の風味が特徴。8月〜10月が旬。↑

とよみつひめ
福岡県生まれの新品種。果皮は赤紫色で、果肉には白い部分が多く、ジューシーでやわらかな食感が特徴。甘さは強いながらも、さっぱりとした味わい。8月中旬ごろからが旬。↑

くし形切り

1 皮つきのまま、縦半分に切る。

2 それぞれを3等分のくし形切りにする。

3 1/6くし形切りのでき上がり。

4 皮と果肉の間にナイフを入れ、2/3ぐらいまで切る。

5 切り離した部分の皮を切り落とす。

6 残った皮がアクセントになる。

扇切り

1 皮つきのまま、縦半分に切る。

2 枝つき側を少し残し、縦に数本切り込みを入れる。

3 切り込みをずらすようにして、開く。

4 でき上がり。

単品盛り

薄切り

1 皮つきのまま、薄切りにする。

2 ずらして重ねる。

花切り

1 中心部分にV字の深い切り込みをぐるっと入れていく(ナイフを中心部分まで差し込んでは抜く、を繰り返す)。

2 2つに離す。

3 でき上がり。

サクランボ

(バラ科　原産地:イラン北部〜コーカサス一帯)

特徴
国産のサクランボは、紅色の果皮にクリーム色の果肉で、甘酸っぱい爽やかな味です。アメリカ産の品種は果皮が黒紫色や赤色で、果肉は紫やクリーム色。味は酸味が少なく甘みが強めです。

旬・出回り時期
国産のハウス栽培は1月から出回りますが、最盛期は5月下旬〜7月上旬。

選び方
表面に光沢とハリがあり、果皮に傷や褐色の斑点がないもの。軸が枯れていると、鮮度がよくない可能性があるので、青々としたしっかりしたものを選びましょう。

高砂
主産地は山形県。アメリカが原産で、店頭に並ぶのが早く5月下旬〜6月上旬が最盛期。ほどよい酸味と爽やかな甘みがあり、果汁もたっぷりなのが特徴。

佐藤錦
主産地は山形県。「ナポレオン」と「黄玉」を交配して誕生した、日本を代表する品種。上品な甘さと酸味が絶妙で、食味に優れています。6月中旬〜7月下旬ごろが出回りの時期。

種を取る

1　種に当たるまで、縦にナイフを入れ、種のまわりをぐるっと一周させて切る。

2　左右の実を反対側に回すようにしながらはずす。

3　片側の果肉に種がついている。

4　種のまわりをナイフの先で切り、種をはずす。

切り方いろいろ

1　半分に切る。

2　縦に薄切りにする。

3　横に薄切りにして重ねる。

ブドウ

（ブドウ科　原産地：カスピ海南部が定説）

特徴
ブドウの品種はとても多く10000種以上あり、世界で一番栽培されている果実といわれています。果皮は未熟なものは緑色ですが、成長していくと品種ごとに緑のままや、赤や黒などに変わるものがあるのが特徴。ブドウは房の上のほうが糖度が高い傾向があるので、下から食べていくと、甘さが強まりおいしく食べられます。

旬・出回り時期
7月下旬～10月下旬。

選び方
実にハリがあり、粒の大きさが揃っていて色が濃く、果皮全体にブルーム（果粉）がついたもの。粒が落ちていたり、軸が細く黒ずんでいてシワがあるものは避けましょう。

カットについて
皮にも有効な栄養分が入っているので、むかずにそのまま食べるのもおすすめ。カットをするなら最小限に。

シャインマスカット
主産地は岡山県。「安芸津21号」と「白南」を交配して誕生した品種。大粒の黄緑色で、酸味は少なく糖度は20度前後と高く、香り豊かなのが特徴。種がなく皮が薄いので、そのまま食べられ、パキッとした食感が楽しめます。←

ロザリオ・ビアンコ
「マスカット・オブ・アレキサンドリア」と「ロザキ」を交配して誕生した品種。粒は大きく黄緑色で、甘みが強く上品な食味が特徴。果皮が薄いのでそのまま食べられます。9月ごろが出回りの時期。→

ピオーネ
主産地は岡山県。「巨峰」と「カノンホール・マスカット」を交配して誕生した品種。果皮は紫黒色で果粒は大きく、果肉が締まっているのが特徴。甘みと酸味のバランスがよく、濃いしっかりした味わいです。8月下旬～9月中旬が出回り時期。

ピッテロビアンコ
細長い果粒の形がユニークで、別名「レディースフィンガー」とも呼ばれています。果皮は緑色で、酸味は少なく爽やかな甘みです。果肉が締まっていて、皮ごと食べられるので、コリコリとした食感が楽しめます。9月中旬～下旬が出回り時期。

紫苑（しえん）
「紅三尺」と「赤嶺」を交配して誕生しました。薄紅色の美しい果皮に包まれ、果肉はなめらかでとてもジューシー。種なしなので食べやすい。

巨峰
主産地は長野県。「センテニアル」と「石原早生」を交配して誕生しました。正式な品種名は「石原センテニアル」。果皮は濃い紫黒色、果肉は淡い緑色でぎゅっと締まり、糖度も高く独特の香りがあります。8月下旬～9月上旬が出回りの時期。

瀬戸ジャイアンツ
主産地は岡山県。別名「桃太郎ぶどう」ともいわれ、「グザルカラー」と「ネオ・マスカット」を交配して誕生した品種。大きな房と、1～3筋くぼみの入ったモコモコとした変わった形の大きな粒が特徴。果皮は緑色でとても薄く、種もないのでそのまま食べられます。パリッとした食感と、甘くてたっぷりの果汁が口に広がります。6月下旬～9月中旬が出回り時期。

デラウエア
食卓でも馴染み深い、デラウエアはアメリカ原産。この品種は種なしが普通ですが、実は種なしの技術を開発したのは日本。果皮は赤紫色で、粒は小さく糖度が高いのが特徴。6月下旬～8月上旬が旬。

ルビーロマン
主産地は石川県。石川が生んだオリジナルの品種。果皮は赤色で、果粒のサイズは国内品種の中でもトップレベルの大きさ。酸味は少なく、糖度は高いながらもあっさりとし、口いっぱいに広がるたっぷりの果汁が特徴。8月中旬～9月中旬に出回ります。

甲斐路
紅いマスカットとも呼ばれます。「フレームトーケー」と「ネオマスカット」を交配して誕生した品種。マスカットに似た香りと甘みとコクが特徴。

シナノパープル
「巨峰」と「ロザリオ・ビアンコ」を交配して誕生しました。巨峰独特の濃厚な甘さを受け継ぎ、皮ごと食べられる品種。

単品盛り

切り方いろいろ

花

1 枝つきの反対側を上にして持ち、上から2/3のところまでの皮の表面に、縦に十字の切り目を入れる。

2 果肉はなるべく浅く切るよう気をつけながら切る。

3 切り目が交差する部分から、切り目にしたがって皮をはがす。

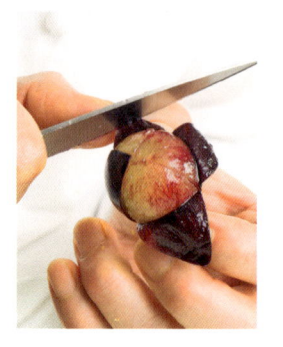

4 皮を四方にはがし、花びらのように開く。

5 でき上がり。切り目を1本増やせば、花びらが6枚の花ができる。

ボール

1 枝つき側を、少し切り落とす（座りがよくなるように）。

2 皮に、縦に十字の切り目をぐるっと入れる。更に、横中央に1本ぐるっと切り目を入れる。

3 むいていない部分とむいた部分が、交互になるように皮をむく。

薄切り1

4 皮の色と果肉の色のコントラストが美しい。

5 でき上がり。縦の切り目を2本増やせば、もう少し細かい模様になる。

1 横に薄切りにする。

2 ずらして重ねる。

薄切り2（粒が縦長のブドウ〈シャインマスカットなど〉）

1 縦に薄切りにする。

2 扇形に開いて盛る。

V字切り

1 V字の切り込みを3段階に入れる。

2 ずらす。

くし形切り

1 縦に十字に切り分ける。

2 1/4のくし形切り。

花切り

5 中央部分にV字の深い切り込みをぐるっと入れる（ナイフの先端を中心部分まで差し込んでは抜く、を繰り返す）。

6 2つに分ける。

アボカド

(クスノキ科　原産地：熱帯アメリカ)

特徴
栄養価がひじょうに高く、クリーミィで濃厚な口当たりから「森のバター」と呼ばれています。甘みはほとんどなく、こってりとしたコクのある味が特徴。フルーツというよりも、野菜感覚でサラダやディップなどに使われることが多く、醤油との相性も抜群です。

旬・出回り時期
一年中味わえます。

選び方
形が整っていて、ヘタと実の間に隙間のないものを選びましょう。果皮が真っ黒でやわらかすぎるものや、ヘタが取れてその部分が黒くなっているものは味が落ちているので避けましょう。果皮がやや黒くなり、弾力があるものは食べごろですが、見極めるのが難しいので果皮が緑色で少し硬めのものを選んで、追熟させるのがおすすめです。

カットについて
縦にナイフを入れて、種に当たったらそのまま一周回すように切れ目を入れます。手に持って前と後ろにひねるように回すと二つに割れるので、種をナイフで取ります。皮は手でむき、食べやすいサイズにナイフでカットします。レモン汁をかけると、多少変色を防げます。

種を取る

1 種に当たるまで、縦にナイフを入れ、種のまわりをぐるっと一周させて切る。

2 左右のアボカドを反対側にひねるようにして、2つに分ける。片側の果肉に種がついている。

3 種にナイフの刃をトンと当てる。

4 ナイフを上げると、種が刃について取れる。

単品盛り

5 種を取った実。

カット1

1 縦半分に切って種を除き、皮を手やナイフの刃ではがすようにむく。

2 半分の果肉は適当な厚さに切る。

3 交互にずらして盛り付ける。

4 もう半分は、座りがいいように、底になる部分を水平に少し切り落とす。種のあった側に、3を盛り付ける。

カット2

1 種に当たるまで、横にナイフを入れ、種のまわりをぐるっと一周させて切る。

2 上下のアボカドを反対側にひねるようにして、2つに分ける。片側の果肉に種がついている。

3 前項同様にして種を取る。

4 皮を手やナイフの刃ではがすようにむく。

5 上の果肉は縦の薄切りにする。

6 下の果肉は、座りがいいように、底になる部分を少し切り落とす。

7 6の種の穴の中に5の薄切りの果肉を盛り付ける。

カット3

1 種に当たるまで、斜めにナイフを入れ、種のまわりをぐるっと一周させて切る。左右のアボカドを反対側にひねるようにして、2つに分ける。

2 片側の果肉に種がついている。前頁同様にして種を取る。

3 皮を手やナイフの刃ではがすようにむく。

4 下側の果肉は、座りがいいように、底になる部分を少し切り落とす。

5 上側の果肉は適宜に切り、4の穴の中に盛り付ける。

バナナ

（バショウ科　原産地：マレーシア）

特徴
栄養価が高く、昔から身近なフルーツとして扱われています。消化も比較的いいので、スポーツ選手の栄養補給にもよく使われています。味は、甘みの強い濃厚な果肉で酸味があまりありません。そのままでも、牛乳や豆乳と合わせてジュースにしたり、パンにピーナッツクリームと一緒に挟んだりしてもおいしくいただけます。

旬・出回り時期
熱帯、亜熱帯で通年栽培されています。

選び方
果皮にソバカスのように黒い斑点が出ているものは、あまり日持ちしませんが、食べごろで甘みがあります。

キャベンディッシュ
よく見かける一般的な品種。皮が厚く、果肉はなめらかでさっぱりとした甘さが特徴。

セニョリータ
モンキーバナナとも呼ばれ、小さいバナナ。やわらかで甘みが濃厚。

単品盛り

半月切りにする
1　横にしておき、花落ちの少し上側からナイフを水平に入れ、厚みを半分に切る。 
2　上側のバナナをはずして皮をむき、食べやすい厚さに切る。 
3　下側の果肉の上にのせる。 
4　交互にずらして盛り付ける。 

斜め切りにする
1　横半分に切ったバナナの皮をきれいにはずす。果肉を斜めにそぎ切る。 
2　皮に盛り付ける。

棒状に切る
1　横半分に切ったバナナの皮をきれいにはずす。果肉を5cmほどの長さに切る。 
2　縦に3等分ほどに切り、皮に盛り付ける。

ザクロ

（ザクロ科　原産地：トルコ、北アメリカなど数説あり）

特徴
国産ものの流通は少なく、ほとんどが輸入されています。果実の中には、赤い小さな半透明の粒がギッシリ詰まっていて、その粒を食べます。すっきりとした甘みとほどよい酸味、シャキシャキとした歯応えが特徴。果粒の中に種があります。

旬・出回り時期
10月〜12月。ほとんどがカリフォルニア産。

選び方
持ったときに重量感があり、果皮がしっかりとしていてハリとツヤがあるもの。国産は完熟すると実が割れてきますが、輸入ものはほとんど割れません。

単品盛り

粒を取り出す

1 皮にぐるっと十字の切り目を入れる。

2 中の粒を切らないよう注意して切る（丸ごとカットしてしまうと中の粒を傷つけ、赤い汁が出てしまうので、外側の皮だけを切って粒を取り出すようにする）。

3 2の切り目に沿って、実を分解する。

4 四つ割にした実。

5 中の粒を取り出す。

6 取り出した粒。

スターフルーツ

(カタバミ科　原産地：熱帯アジア)

特徴
切った形が星のように見えることから、スターフルーツと名が付けられました。未熟なものは酸味がありサクサクとした食感で、甘みも爽やかですが、完熟すると甘さが強くなり、食感もやわらかくなります。食べごろは自分の好みで選べます。

旬・出回り時期
10月～2月。

選び方
持つと見た目よりも重みがあり、果皮に斑点などがなく、ハリとツヤがあるもの。未熟なものは果皮が緑色で、熟すほど黄色になります。

カットについて
星形の角の部分に渋みがある場合があるので、角だけそぎ落とします。皮ごと食べられるので、そのまま輪切りにカットします。食感をよりよくする場合、まわりの薄皮をむくのをおすすめします。

単品盛り1
厚く切って立てて盛る。

単品盛り2
薄く切って重ねてずらす。

星形になるように切る

1　端の部分を薄く切り落とす。

2　反対側の端も同様に切り落とす。

3　出っ張った部分の先端を、薄く切り落とす。

4　溝の部分に浅く切り目を入れる。

5　3の切り口から4の切り込みに向かって薄皮をむく。

6　皮をむき終わった状態。

7　適当な厚さに切る。

ドラゴンフルーツ（ピタヤ）

（サボテン科　原産地：中米地方）

赤肉種
白肉種

特徴
インパクトのある果皮が、まるで竜の鱗のように見えることから、ドラゴンフルーツと呼ばれています。酸味はほとんどなく、甘みのあっさりとした味が特徴。果肉はやわらかくサクサクとした食感です。果肉の赤いものと白いものとがあります。

旬・出回り時期
7月〜11月（国内産）。不定期（輸入もの）。

選び方
果皮にハリがあるものを選びましょう。果皮がしなびたものは味が落ちているので避けましょう。追熟しないので、なるべく早めに食べるのがおすすめです。

カットについて
縦に半分にカットし、そのままスプーンですくって食べてもいいですが、半分にカットしたものを更に半分にカットし、皮と果肉の間にナイフで切れ目を入れ、食べやすいサイズに縦にカットするのもおすすめです。赤い果肉のものは、果汁が服などにつかないよう注意します。

皮をむく

1 両端を切り落とす。

2 皮に縦の切り込みを入れる。

3 2の切り目から皮をはがす。

4 ぐるっと皮をむいていく。

5 皮をむいた果肉。適当な大きさにカットして使用する。

6 鮮やかな色の皮は、適宜に切り、盛り付けのアクセントに使用してもよい。

単品盛り

色のコントラストを生かして。

皮つきでカットする

1 緑色の部分を切り取って除く。

2 両端をカットする。

3 縦半分に切る。

4 更に適当な大きさのくし形に切る。

マンゴスチン
(オトギリソウ科　原産地：マレー半島)

特徴
黒紫の果皮、硬い殻の中の白い果肉は爽やかな甘みと酸味があり上品な味わい。果物の女王と呼ばれるほどおいしい果物ですが、日本には冷凍でしかほとんど入らないので本来の味がなかなか味わえません。冷凍は、完全に解凍しないで半分凍っている状態で食したほうがおいしいです。冷凍ものは、現地で半分に切って中に虫などがいないか検査をしてから輸出をしています。

旬・出回り時期
おもにタイ、マレーシアなどから冷凍で輸入され、年間を通して手に入ります。

パッションフルーツ
（トケイソウ科　原産地：ブラジル）

特徴
日本でもっとも多く流通しているのは、果皮が濃い紫色で、完熟すると褐色になるもの。果皮が黄色の品種もあります。細かい種のまわりに、トロリとしたゼリー状の実と果汁が入っていて、種ごと食べられるのが特徴。甘酸っぱい爽やかな味が楽しめます。

旬・出回り時期
国産は4月～9月。

選び方
形が丸く整っていて、果皮にへこみや傷がなく、爽やかな香りがあるもの。果皮にシワがあるものは完熟の証拠ですが、シワがない状態でも食べられます。

カットについて
皮ごとカットし、そのままスプーンですくって食べます。

単品盛り

カット1
1　縦半分に切る。 
2　更に斜めくし形切りにする。 
3　でき上がり。 

カット2
1　横半分に切る。 
2　更に斜めくし形に切る。 
3　更に斜め切りにする。 
4　でき上がり。

チェリモヤ
(バンレイシ科　原産地：ペルー、エクアドル)

特徴
マンゴー、マンゴスチンと並んで世界三大美果のひとつです。果肉が白く、なめらかな舌触りとほどよい酸味があり、濃厚なアイスクリームのようです。種が点在していますので、種を取り除いてお召し上がりください。

旬・出回り時期
日本には、不定期でカリフォルニアから輸入され、一年中出回ります。

選び方
形がふっくらと整いハリがあり、果皮は緑色で傷がないもの。手で持ってずっしりと重く上品な香りを放っているものを選びましょう。果皮が繊細なので取り扱いに注意。果皮が緑色で硬いうちはまだ未熟なので食べられません。果皮が少し茶みがかって手で触って少しやわらかくなると食べごろです。

カットについて
縦に4等分にカットして、芯の部分を取り除き、スプーンですくって食します。

キワノ
(ウリ科　原産地：熱帯アジア)

特徴
鮮やかな黄色の果皮には棘のような角があり、果肉はエメラルドグリーン色で、ゼリー状の粒がぎっしり並んでいるのが特徴。粒には種が入っていますが、そのまま食べることができます。糖度は低く、あっさりした甘さとほのかな酸味があり、ジューシーでぷるぷるとした食感が楽しめます。甘さが控えめなので、はちみつをかけたり、サラダやヨーグルトの彩りに使うのがおすすめです。

旬・出回り時期
一年中楽しめます。

選び方
果皮に傷がなくハリがあり、角が折れていないものを選びましょう。

カットについて
縦半分にカットして、そのままスプーンですくって食べます。

フルーツを盛り合わせる

カットしたフルーツを組み合わせて、
楽しい盛り合わせを作りましょう。
2種類以上のフルーツを盛り合わせるときは、
色や形、大きさのバランスに注意します。

2種のフルーツを盛り合わせる

スイカとメロン

くし形切りを皮つきのまま斜めに切り分けたスイカとメロンを盛り合わせる。

スイカのカット‥‥p.41参照
メロンのカット‥‥p.34参照

スイカとマンゴー

丸ごと皮をむいたスイカでバスケットを作り、マンゴーで作ったバラ（次項参照）を盛り付ける。スイカの皮を巻いた台座にのせ、葉形にカットしたスイカの皮を飾る。

マンゴーとモモ

薄切りにしたマンゴーとモモでバラの花を作り、それぞれの皮を葉形にカットしてアクセントに。

マンゴーのバラ

1 種をとり、皮をむいたマンゴー（p.59参照）を、斜め薄切りにしていく。

2 中心部分から、花びらのようにまとめていく。

2 バラの花の完成。

モモのバラ

1 縦半分に切って種を取り、皮をむいたモモ（p.84参照）を、薄切りにしていく。

2 中心部分から、花びらのようにまとめていく。

2 バラの花の完成。

オレンジとキウイ

オレンジの皮のカップ

1 長くむいたオレンジの皮の両端を丸めて器を作る。

2 半月切りにしたオレンジの果肉を盛り付ける。

むいたオレンジの皮を巻いて作ったカップに、半月切りのオレンジと、輪切りのキウイを盛り合わせる。

オレンジの皮むき‥‥p.13参照
オレンジのカット‥‥丸むきを輪切りにして半月切りに。
キウイのカット‥‥p.49参照

ブドウとイチジク1

＊ブドウは皮ごと食べられるものがよい。

ブドウのカット‥‥p.101参照
イチジクのカット‥‥p.96参照

ブドウとイチジク2

＊ブドウは皮ごと食べられるものがよい。

ブドウのカット‥‥p.101参照
イチジクのカット‥‥p.95参照

グレープフルーツとキウイ

グレープフルーツ（ピンク）のバスケットに、キウイの果肉とグレープフルーツの果肉を盛り合わせる。

グレープフルーツのバスケット

1 持ち手になる部分を作る。横半分に切ったグレープフルーツの、切り口から1cm下の部分に、左右から水平に切り込みを入れる。中央部分は切らないで残す。

2 中心の芯の部分を丸く切り取って除く。

3 皮と果肉の間にナイフを入れ、ぐるっと一周させて切る。

4 中央部分からもぐるっと一周ナイフを入れる。

5 切り離した果肉を取り出す。果肉はぶつ切りにする。

6 持ち手になる左右の皮を持ち上げて、中央をリボンなどで結ぶ（ここでは細くむいたライムの皮を使用した）。

キウイのカット

1 皮つきのまま縦半分に切ったキウイを、斜め4等分に切る。

2 ナイフの角度を交互に変えながら切る。

3 果肉と皮の間にナイフを入れ、皮を切り取る。

カキとリンゴ

くし形切りのカキとリンゴを盛り合わせる。皮の飾り切りを効果的に使って。

リンゴのカット‥‥p.69参照
カキのカット‥‥右記参照

カキの皮の飾り切り

1 端を少し残すようにしながら切り込みを入れる（果肉を浅く切るくらいの深さに）。

2 皮と果肉の間にナイフを入れ、枝つき側に向かって一気にむく（枝つき側は、皮を切り離さない）。

3 切り込みの内側の皮をはずす。

和のアレンジ
カキとブドウ

秋らしいフルーツを組み合わせて。
＊ブドウは皮ごと食べられるものがよい。

カキのカット‥‥上記参照
ブドウのカット‥‥p.101参照

メロンとイチゴ

日本料理店でもよく使われるフルーツの組み合わせ。

メロンのカット‥‥くし形に切ったメロン（p.33参照）の中央部分の果肉を切り抜いて食べやすい大きさに切る。
イチゴのカット‥‥p.45、46参照

3 種のフルーツを盛り合わせる

モモとネクタリンとスイカ

夏らしいフルーツの組み合わせ。スイカの皮やハーブなどのグリーンで締める。

モモのカット‥‥下記参照
ネクタリンのカット1‥‥下記参照
ネクタリンのカット2‥‥くし形に切り、皮を飾り切りに。
スイカのカット‥‥くし形に切り、三角形に切って皮を切り取る。盛り付ける際に皮をアクセントに。

モモのカット

1 皮の一部をV字に切り取る。

2 半割りのモモに盛り付ける。

ネクタリンのカット

1 半分に切り（方法はp.83のモモに同じ）、種のついていない側は薄切りにする。

2 中心まで切り込みを入れておく。

3 種のまわりをナイフで切り、種を取る。

4 底になる部分を水平に切り落とす。

5 2の切り込みの片側の果肉を折り曲げる。

6 立体的に盛り付ける。

7 2枚めを重ねる。

8 3枚めを重ねて動きを出す。

メロンとグレープフルーツとイチゴ

青肉系メロンでバスケットを作り、中央のくぼみにぶつ切りの果肉を詰め、上に赤肉系メロン、イチゴ、グレープフルーツの果肉を盛り合わせる。

メロンのバスケット‥‥p.35参照
赤肉系メロンのカット‥‥くし形に切って皮をむき、斜め薄切りにする。
グレープフルーツのカット‥‥果肉を房から切り出す(p.24参照)。
イチゴのカット‥‥p.45、46参照

パパイヤとキウイとオレンジ

パパイヤのボートにパパイヤ、キウイ、オレンジを盛り合わせる。

パパイヤのボート‥‥p.64参照
パパイヤのボール‥‥p.64参照
パパイヤのカット‥‥くし形切りにし、皮を飾り切りに(p.63参照)。
オレンジのカット‥‥くし形切りにし、皮を飾り切りに(p.15参照)。
キウイのカット‥‥半月切りにして、斜め2等分に(p.51参照)。

和ナシとブドウとザクロ

薄切りの和ナシとブドウを使って花のように。
＊ブドウは皮ごと食べられるものがよい。

和ナシのカット‥‥右記参照
ブドウのカット‥‥皮つきのまま薄切りに(p.101参照)。
ザクロ‥‥p.106参照

和ナシのカット

1 1/4のくし形切りにして芯を取り、薄切りにする。

2 薄切りをずらして重ねながら丸く盛る。内側にブドウを盛る。

西洋ナシとブドウとカキ

秋らしいフルーツの組み合わせ。

西洋ナシのカット（手前）‥‥p.78参照
西洋ナシのカット（カップ）‥‥p.81参照
カキのカット（洋ナシのカップの中）‥‥p.89参照
カキのカット（中央）‥‥p.116参照
カキのカット（手前）‥‥小さな角切りに。
ブドウのカット‥‥p.101参照

パイナップルとキウイとイチゴ

パイナップルの縦カップの芯に、スティックに刺した
パイナップル、キウイ、イチゴを刺して盛る。

パイナップルの縦カップ‥‥p.55参照
パイナップル、キウイ、イチゴ‥‥適当な大きさに切り、あるいはくり抜き器で丸く抜いて、組み合わせてスティックに刺す。

晩白柚（ばんぺいゆ）とグレープフルーツとみかん

大きな晩白柚をカップにし、くし形に切った果肉を盛る。柑橘だけの盛り合わせ。

グレープフルーツ（ホワイト、ピンク）とみかんのカット‥‥丸むきにし、薄皮ごとくし形切りにする。

晩白柚のカップ

1　横半分に切る。

2　中心の芯の部分を丸く切り取って除く。

3　皮と果肉の間にナイフを入れ、ぐるっと一周させて切る。

4　中央部分からもぐるっと一周ナイフを入れ、果肉を切り離す。

5　切り離した果肉を取り出し、食べやすく切り分けて、皮に戻す。

パイナップルとスイカとキウイ

パイナップルの黄、スイカの赤、キウイの緑の元気な色の組み合わせ。

パイナップルボート‥‥p.57参照

パイナップルボートに盛り付ける

1 パイナップルボートを作る際に切り取った果肉をぶつ切りにする。

2 パイナップルボートに詰める。

3 別のパイナップルの果肉を斜め切りにする。

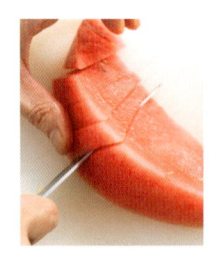

4 スイカはくし形切りにして皮を切り取り、果肉を斜め切りにする。

5 キウイは皮をむき、縦半分に切り、ナイフの角度を交互に変えながら切る。

6 2に3、4、5を盛り付ける。

パーティやビュッフェのための盛り合わせ

さまざまなフルーツを使った盛り合わせは、パーティに華やかさを添えてくれます。彩りや形のバランスを考えながら、フルーツを配置しましょう。いろいろな方向から取りやすいように、また、手でつまみやすいように、皮つきのものを多くするなどの配慮も大切です。この盛り合わせの場合、まずメロンのスワンやオレンジのカップなど、核になるものを中央におき、まわりにカットしたスイカやパパイヤ、グレープフルーツなどの大きめのフルーツを盛り込んでいきます。間に小さめのフルーツを盛り、最後にアクセントになるフルーツ（ブドウ、マンゴスチン、花切りのイチゴ、ブルーベリー、ラズベリーなど）を盛るといいでしょう。

使用フルーツ（上）：
メロンのスワン（p.37参照）、
グレープフルーツ、オレンジ、
みかん、日向夏、デコポン、レモン、リンゴ、
リンゴ（アルプス乙女）、キウイ、マンゴー、ドラゴンフルーツ、
サクランボ、ブルーベリー、ラズベリー、レッドカラント

使用フルーツ（下）：
スイカ、メロン、オレンジ、グレープフルーツ、
パイナップル、マンゴー、ビワ、パパイヤ、レモン、
イチゴ、ドラゴンフルーツ、ブドウ、マンゴスチン、
みかん、レッドカラント

季節の盛り合わせ

それぞれの季節を代表する旬のフルーツを中心に盛り合わせると、季節感のある盛り合わせになります。

春の盛り合わせ

メロン
ビワ
サクランボ

夏の盛り合わせ

スターフルーツ
パッションフルーツ
スイカ
ドラゴンフルーツ
モモ
ネクタリン
サクランボ
和ナシ
ライム
オレンジ

秋の盛り合わせ

西洋ナシ
カキ
ブドウ
リンゴ

カキ
ブドウ

冬の盛り合わせ

デコポン
日向夏
せとか
みかん
紅みかん
レモン
ライム
キンカン
イチゴ
白イチゴ（初恋の香り）

123

パーティのサプライズプレート
カラフルなフルーツを使った、ちょっと楽しい盛り合わせです。

ボールのフルーツで

左列：
メロン（青肉）
メロン（赤肉）
キウイ
ドラゴンフルーツ（白肉）
イチジク
マンゴー

右列：
カキ
和ナシ
スイカ
パパイヤ
ゴールドキウイ
ドラゴンフルーツ（赤肉）

キューブのフルーツで

左列：
メロン（青肉）
スイカ
カキ
ブドウ
ドラゴンフルーツ（白肉）
ドラゴンフルーツ（赤肉）

右列：
パパイヤ
ブドウ
イチジク
マンゴー
ゴールドキウイ
和ナシ

フルーツを敷き詰めて

さまざまな彩りのフルーツを、皿のくぼみの深さに合わせた薄切りにし、皿に敷き詰める。パーティなどのテーブルに添えれば、華やかな演出になります。もちろんスティックなどで刺してこのまま食べてもよいし、ゼリーなどを流してもよいでしょう。

色のバランスを考えながら、皿の隙間をうめていく。

フルーツデザート

デザートをワンランクアップするフルーツの使い方と、フルーツが主役のデザートです。

シンプルなデザートにフルーツをプラス

シンプルなデザートにフルーツを添えるだけで、たちまち華やかなデザートができ上がります。

アイスクリーム（バニラ）にプラス

スイカ、キンカン、イチゴ、グレープフルーツ、オレンジ、パパイヤ、ブドウ、和ナシ、マンゴー、みかん

ヨーグルトにプラス

スイカ、オレンジ、グレープフルーツ、リンゴ、メロン、和ナシ、イチゴ、ブドウ、ラズベリー、ブルーベリー、レッドカラント、ザクロ

ゼリー（コアントロー）にプラス 1

冷やし固めたコアントローゼリー（p.133参照）を崩し、フルーツとともに器に盛り付ける。

イチゴ、白イチゴ（初恋の香り）、リンゴ（アルプス乙女）、ブルーベリー、レッドカラント、ラズベリー、ザクロ

ゼリー（コアントロー）にプラス 2

大きめの型に、薄切りのイチゴ、ハート型に抜いたマンゴー、ブルーベリー、レッドカラントをきれいに並べ、コアントローゼリー液を流し、冷蔵庫で冷やし固める。

イチゴ、マンゴー、ブルーベリー、レッドカラント

ワッフルにプラス1

イチジク
マンゴー
キウイ
カキ
イチゴ
グレープフルーツ
パパイヤ
パイナップル
ラズベリー
ブルーベリー
ブラックベリー
レッドカラント
ホワイトカラント
チーズクリーム＋アーモンド

ワッフルにプラス2

ワッフルのレシピ

材料（作りやすい量）
卵白　2個分
牛乳　120ml
グラニュー糖　20g
卵黄　2個
薄力粉　150g
無塩バター　20g

1 卵白を、泡立て器を持ち上げても落ちないくらいまで泡立てる。
2 ボウルに牛乳とグラニュー糖を入れて混ぜ、卵黄を加えて更に混ぜる。薄力粉をふるいにかけながら数回に分けて加え、混ぜ合わせる。
3 湯煎または電子レンジでバターを溶かして**2**に加えて混ぜ、最後に**1**のメレンゲを入れてさっくりと合わせる。
4 熱したワッフルメーカーで**3**の生地を焼いて8枚のワッフルを作り、冷ましておく。

A
チーズクリーム
ラズベリー
ブルーベリー

B
ホイップクリーム
ブラックベリー
レッドカラント
アーモンド

C
ホイップクリーム
イチゴ
ラズベリー
ブルーベリー
ピスタチオ
ミント

D
カスタードクリーム
レッドカラント
ホワイトカラント
セルフィーユ

チーズクリーム‥‥p.151参照
カスタードクリーム‥‥p.137参照
ホイップクリーム‥‥p.132参照

シフォンケーキ（イチゴ）にプラス

イチゴ
白イチゴ（初恋の香り）
ブルーベリー
ラズベリー
レッドカラント
ザクロ
ホイップクリーム

ホイップクリーム
⋯⋯p.132参照

シフォンケーキ（イチゴ）のレシピ

材料（30×30cmのバット1枚分）
卵白　250g
卵黄　120g
グラニュー糖　80g
薄力粉　140g
サラダ油　35ml
イチゴピュレ（いちごをミキサーにかけたもの）　30ml

1　薄力粉は一度ふるっておく。
＊オーブンは180℃に予熱しておく。
2　卵黄をボウルに入れてほぐし。グラニュー糖40gを加え、泡立て器でよく混ぜる。
3　サラダ油、水20ml、イチゴピュレをよく混ぜ合わせ、**2**に加えて合わせる。
4　薄力粉を再度ふるい、**3**に一度に加えて泡立て器でよく混ぜ合わせる。
5　卵白にグラニュー糖40gを3回に分けて加え、ピンと角が立つまで泡立ててメレンゲを作る。
6　**4**に**5**のメレンゲを1/3ずつ加えて合わせる。
7　**6**をバットに流し、バットごとトントンとテーブルに打ちつけて気泡を抜く。
8　180℃のオーブンで20分焼き、バットの前後を入れ替えて、更に160℃で10分焼く。

人気のフルーツデザート
みんなが大好きな、フルーツをたっぷり使ったデザートです。

モモのパフェ

下から
モモ＋モモのジュース
ホイップクリーム
モモのグラニテ
ホイップクリーム
モモのシャーベット
モモ
シャンパンゼリー
モモのゼリー

イチゴのパフェ

ネクタリンのパフェ

イチゴのパフェ↑
下から
イチゴのジュース
ホイップクリーム
イチゴのグラニテ
ホイップクリーム
イチゴ
ミント

マンゴーのパフェ

ネクタリンのパフェ↗
下から
プラムのジュース
ホイップクリーム
ネクタリンのグラニテ
ホイップクリーム
プラムのシャーベット
ネクタリン
コアントローゼリー

下から
マンゴーのジュース
ホイップクリーム
マンゴー
ホイップクリーム
マンゴーのグラニテ
マンゴーのシャーベット
マンゴー
赤粒ゼリー

モモのパフェ

材料（1個分）
モモ　1/2個
アスコルビン酸　少量
ホイップクリーム（八分立て。下記参照）　適量
モモのジュース（下記参照）　少量
モモのグラニテ（右記参照）　少量
モモのシャーベット（右記参照）　少量
シャンパンゼリー（右記参照）　少量
モモのゼリー（右記参照）　少量

1　モモは半割りにして種を取り、皮をむき、アスコルビン酸水に浸けながら、細めのくし形に切る（一部は粗く切る）。
2　粗く切ったモモ、モモのジュース、ホイップクリーム、モモのグラニテ、ホイップクリーム、モモのシャーベットを重ねて入れる。上にくし形切りのモモを盛り、シャンパンゼリーをのせ、モモのゼリーをのせる。

＋モモのジュース

（作りやすい量）
モモ　1個
アスコルビン酸　少量

モモは皮をむいて種を除き、果肉を適宜に切り、アスコルビン酸を加えてミキサーにかける。

＋ホイップクリーム

（作りやすい量）
生クリーム　160ml
グラニュー糖　15g

ボウルに生クリームとグラニュー糖を入れ、ボウルごと氷水で冷やしながら、泡立て器で八分立てに泡立てる。
＊八分立ては、泡立て器で持ち上げたクリームに角が立ち、泡立て器を振るとぽたっと塊で落ちる状態。

＋モモのグラニテ

（作りやすい量）
モモ（果肉を1cm角に切る）　2個分
シロップ
├水　200ml
├グラニュー糖　40g
└アスコルビン酸　少量

1　分量の水、グラニュー糖、アスコルビン酸を鍋でひと煮立ちさせ、冷ましてシロップを作る。
2　1の中に刻んだモモを入れ、容器に入れて冷凍する。
3　2を適当な大きさに切り、再び冷凍する。

＋モモのシャーベット

モモは皮をむいて種を除き、果肉をミキサーにかけてジュースにし、冷凍庫で冷凍する。1時間おきに2、3回空気を入れるように混ぜる。

＋シャンパンゼリー

（作りやすい量）
シャンパン　20ml
水　180ml
グラニュー糖　50g
板ゼラチン　40g（冷水でふやかす）
サラダ油　適量

1　鍋にシャンパン、水、グラニュー糖を合わせてひと煮立ちさせ、粗熱が取れたらふやかしたゼラチンを入れる。
2　1のゼリー液をスポイトで1滴ずつ、サラダ油の中に垂らし、そのまま固める。
3　2の油を切り、冷水でよく洗う。

＋モモのゼリー

（作りやすい量）
ピーチピュレ（市販）　100ml
板ゼラチン　6g（冷水でふやかす）

1　ピーチピュレに、ふやかしたゼラチンを加えてひと煮立ちさせ、粗熱が取れたら容器に入れて冷蔵庫で冷やし固める。

イチゴのパフェ

材料(1個分)
イチゴ 大3〜4個
イチゴのジュース(下記参照) 少量
ホイップクリーム(八分立て。p.132参照) 適量
イチゴのグラニテ(下記参照) 少量
ミント 少量

1 グラスにイチゴのジュース、ホイップクリーム、イチゴのグラニテ、ホイップクリームの順に重ねる。
2 スライスしたイチゴ、飾り切りをしたイチゴをのせ、ミントの葉を飾る。

+イチゴのジュース

(作りやすい量)
イチゴ 5〜6粒
アスコルビン酸 少量

ヘタを取ったイチゴにアスコルビン酸を加えてミキサーにかける。

+イチゴのグラニテ

(作りやすい量)
イチゴ 1パック(約350g)
グラニュー糖 50g
レモン果汁(またはアスコルビン酸水) 少量

1 イチゴはヘタを取り、ミキサーにかけてジュースにする。
2 鍋に1とグラニュー糖、レモン果汁を加えて火にかける。グラニュー糖が溶けたら火からおろす。
3 2の粗熱を取り、容器に入れて冷凍する。
4 3をスプーンですくって使用する。

ネクタリンのパフェ

材料(1個分)
ネクタリン 1〜2個
アスコルビン酸 少量
プラムのジュース(右記参照) 少量
ホイップクリーム(八分立て。p.132参照) 適量
ネクタリンのグラニテ(右記参照) 少量
プラムのシャーベット(右記参照) 少量
コアントローゼリー(右記参照) 少量

1 ネクタリンは半割りにして種を取り、アスコルビン酸水に浸けながらくし形に切る。半分は皮をむいておく。
2 グラスにプラムのジュース、ホイップクリーム、ネクタリンのグラニテ、ホイップクリームの順に重ねて入れる。
3 プラムのシャーベットとくし形切りのネクタリンを盛り、コアントローゼリーをのせる。

+プラムのジュース

(作りやすい量)
プラム(ソルダム) 1個
アスコルビン酸 少量

皮をむいて種を除いたプラムの果肉にアスコルビン酸を加え、ミキサーにかける。

+ネクタリンのグラニテ

(作りやすい量)
ネクタリン 1個
シロップ
├水 100ml
├グラニュー糖 20g
└アスコルビン酸 少量

1 分量の水、グラニュー糖、アスコルビン酸を鍋でひと煮立ちさせ、冷ましてシロップを作る。
2 1の中に皮をむいて刻んだネクタリンを入れ、容器に入れて冷凍する。
3 2を適当な大きさに切り、再び冷凍する。

+プラムのシャーベット

(作りやすい量)
プラム 1個

プラムは皮をむいて種を除き、ミキサーにかけてジュースにする。容器に入れて冷凍し、1時間おきに2、3回空気を入れるように混ぜる。

+コアントローゼリー

(作りやすい量)
水 800ml
グラニュー糖 120g
板ゼラチン 15g(冷水でふやかす)
コアントロー(リキュール) 15ml

1 鍋に分量の水とグラニュー糖を入れ、ひと煮立ちさせる。
2 1にふやかしたゼラチンを入れ、粗熱が取れたらコアントローを加える。器に入れ、冷蔵庫で冷やし固める。

マンゴーのパフェ レシピ:p.141

イチジクのパフェ

下から
イチジクのジュース
ホイップクリーム
イチジクのグラニテ
ホイップクリーム
イチジク

ブドウのパフェ

下から
赤ワインソース
ホイップクリーム
ブドウのグラニテ
ホイップクリーム
ブドウ

フルーツポンチ

スイカ、リンゴ（アルプス乙女）、メロン、マンゴー、イチゴ、オレンジ、グレープフルーツ（ピンク）、ブドウ、サルナシ、ゴールドキウイ、ブルーベリー、ラズベリー

プリンアラモード

スイカ、イチゴ、パパイヤ、メロン、バナナ、オレンジ、グレープフルーツ、キウイ、レッドカラント

フルーツトライフル

上のフルーツ：
イチゴ
ブルーベリー
ラズベリー
ブラックベリー
ホワイトカラント
レッドカラント

中身：
イチゴソース
カスタードクリーム
スポンジ
ホイップクリーム
イチゴ
ラズベリー
ブルーベリー

イチジクのパフェ

材料（1個分）
イチジク　1～1½個
イチジクのジュース（下記参照）　少量
ホイップクリーム（八分立て。p.132参照）　適量
イチジクのグラニテ（下記参照）　少量

1　イチジクはくし形切りにする。
2　グラスにイチジクのジュース、ホイップクリーム、イチジクのグラニテ、ホイップクリームの順に重ねて入れる。
3　イチジクのくし形切りを盛り付ける。

＋イチジクのジュース

（作りやすい量）
イチジク　1個
アスコルビン酸　少量

皮をむいたイチジクの果肉にアスコルビン酸を加え、ミキサーにかける。

＋イチジクのグラニテ

（作りやすい量）
イチジク　3個
グラニュー糖　20g
レモン果汁　少量

1　イチジクは皮をむき、果肉を軽くつぶす。
2　レモン果汁とグラニュー糖を合わせ、1に加えて混ぜる。
3　2を容器に入れて冷凍する。
4　3を適当な大きさに切り、再び冷凍する。

ブドウのパフェ

材料
ブドウ（ここでは甲斐路、ピオーネ、シャインマスカットを使用）　適量
赤ワインソース（右記参照）　少量
ホイップクリーム（八分立て。p.132参照）　適量
ブドウのグラニテ（右記参照）　少量

1　グラスに赤ワインソース、ホイップクリーム、ブドウのグラニテ、ホイップクリームを重ねて入れる。
2　飾り切り、薄切りにしたブドウを盛り付ける。

＋赤ワインソース

（作りやすい量）
赤ワイン　50ml
グラニュー糖　20g

赤ワインにグラニュー糖を加えて火にかけ、グラニュー糖を溶かしてアルコールを飛ばす。

＋ブドウのグラニテ

（作りやすい量）
ブドウ（黒、緑）　各5個
粉糖　10g
アスコルビン酸　少量

1　ブドウは皮をむき、粉糖とアスコルビン酸をまぶして容器に入れ、冷凍する。
2　1を適当な大きさに切り、再び冷凍する。

フルーツポンチ

材料
フルーツ各種
├ スイカ、リンゴ（アルプス乙女）、メロン、マンゴー、
│ イチゴ、オレンジ、グレープフルーツ、ブドウ、
└ ゴールドキウイ、サルナシ、ブルーベリー、ラズベリー
ポンチシロップ（作りやすい量）
├ クランベリージュース　200ml
├ 水　200ml
├ オレンジジュース　50ml
├ レモン果汁　少量
├ アスコルビン酸　少量
└ グラニュー糖　40g

1　ポンチシロップの材料を混ぜ合わせ、グラスに入れる。
2　カットした各種のフルーツを、彩りよく1に盛り合わせる。

プリンアラモード

材料
プリン（4個分）
- 牛乳　200ml
- グラニュー糖　50g
- 卵黄　1個
- 卵　1個
- バニラエッセンス　少量

カラメル
- グラニュー糖　30g
- 水　大さじ1

フルーツ
- スイカ、イチゴ、パパイヤ、メロン、バナナ、オレンジ、グレープフルーツ、キウイ、レッドカラント　各適量

ホイップクリーム（八分立て。p.132参照）　適量

1　カラメルを作る。鍋に水とグラニュー糖を入れて混ぜ、中火にかける。グラニュー糖が溶けてまわりにうっすらと色がついてきたら、ときどき鍋をゆすり、カラメル色になったら火を止める。プリン型に流し込む。
2　プリンを作る。鍋に牛乳とグラニュー糖を入れて中火にかけ、沸騰しないように注意しながらグラニュー糖を完全に溶かしたら、火を止めて冷ます。
3　ボウルに卵黄と卵を入れ、泡立て器で混ぜる。2を3回に分けて加えて混ぜ、バニラエッセンスを加える。漉し器で漉して1のプリン型に流し込む。
4　水を張った天板に3を並べ、160℃〜のオーブンで約20〜25分焼く。天板をゆらしてもプリンの表面が波立たなければでき上がり。粗熱を取り、冷蔵庫で冷やす。
5　4のプリンと型の間に隙間ができるように、プリンの縁を親指でやさしく押しながら一周した後、型を逆さにして、プリンを器に取り出して盛る。
6　適宜に切ったフルーツやホイップクリームをまわりに彩りよく盛り付ける。

フルーツトライフル

材料（作りやすい量）
スポンジ（p.144参照）
- 卵　2個
- グラニュー糖　60g
- 牛乳　小さじ2
- 無塩バター　10g
- 薄力粉　60g

ホイップクリーム
- 生クリーム　300ml
- グラニュー糖　30g

カスタードクリーム（右記参照）　適量

イチゴソース
- イチゴ　10個（約200g）
- グラニュー糖　75g
- レモン果汁　少量

フルーツ
- イチゴ、ブルーベリー、ラズベリー、ブラックベリー、レッドカラント、ホワイトカラント　各適量

1　スポンジを焼いて冷ましておく（作り方はp.144参照）。
2　ホイップクリームの材料を半分に分け、片方は六分立てに、もう片方は九分立てにする（作り方はp.144参照。六分立ては泡立て器で持ち上げたとき、クリームがリボン状に流れ落ち、文字を描けるくらいの状態。九分立ては、持ち上げたクリームが落ちてこない状態）。
3　ヘタを取ったイチゴ、グラニュー糖、レモン果汁を合わせてミキサーにかけ、イチゴソースを作る。
4　大きめの器にイチゴソースを流し、カスタードクリーム、一口大に切った1のスポンジ、六分立てのホイップクリーム、再びスポンジと詰め、ベリー類、くし形に切ったイチゴを散らして、イチゴソースをかける。中央部分にスポンジをおき、まわりにカスタードクリームを絞り、イチゴソースをかける。最後に九分立てのホイップクリームをスプーンですくってのせ、フルーツを飾る。

＋カスタードクリーム

材料（作りやすい量）
グラニュー糖　100g
薄力粉　30g
牛乳　400ml
卵黄　2個
バニラエッセンス　少量

1　薄力粉、グラニュー糖をふるいにかけ、ボウルに入れてよく混ぜ合わせる。
2　1に牛乳を加えて混ぜる。卵黄を加えて更によく混ぜ、漉し器で漉す。
3　2を電子レンジで使用可能な耐熱ボウルなどに入れ、ふわっとラップをかけて、電子レンジで約2分30秒加熱する。
4　一度取り出して、泡立て器でよく混ぜ、更に約2分30秒、しっかりとクリーム状になるまで加熱する。
5　バニラエッセンスを加え、混ぜ合わせたら完成。

フルーツコンポート1

リンゴ（アルプス乙女）、西洋ナシ、ブドウ、
キンカン（皮付き、皮なし）、イチジク、イチゴ、
ラズベリー

フルーツコンポート2（皿盛りにして）

リンゴ（アルプス乙女）、カキ、イチジク、
ゴールドキウイ、西洋ナシ、キンカン、ブドウ、
ブルーベリー、イチゴ、ライム

フルーツをシロップに漬けて
おく。

フルーツ蜜豆1

スイカ、カキ、メロン、マンゴー、イチゴ、オレンジ、パイナップル、
和ナシ、キウイ、ラズベリー、ブルーベリー、レッドカラント、
ホワイトカラント、赤豆、寒天、シロップ

フルーツ蜜豆2（皿盛りにして）

フルーツ蜜豆1と同じ。

フルーツサンド

一口大にカットすれば、立食パーティにも。

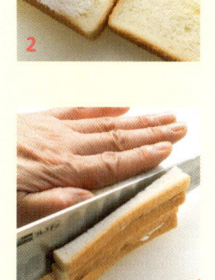

フルーツコンポート（一夜漬け）

コンポートといっても、通常のようにフルーツを煮込んで作るものではありません。フルーツをそのままシロップに漬け込むので（漬け込む時間は一晩程度）、フルーツの持ち味がより楽しめます。

材料
フルーツ各種（p.138参照）　適量
コンポートシロップ（作りやすい量）
├水　1ℓ
├グラニュー糖　200g
├レモンスライス　2枚
├アスコルビン酸　少量
└＊合わせてひと煮立ちさせて粗熱を取り、冷蔵庫で一晩冷やす。

コンポートシロップに、皮をむいたりカットしたり、あるいはそのままのフルーツを漬け込む。

フルーツ蜜豆

四角にカットしたフルーツがユニークです。少しくぼみのある平皿に盛っても楽しいでしょう。

材料
フルーツ各種（p.138参照）　適量
寒天（市販。1cm角切り）　適量
赤豆（レッドビーンズ。缶詰）　少量
シロップ（作りやすい量）
├ザラメ糖　300g
├水　1ℓ
└オレンジの皮　1個分
セルフィーユ　少量

1　シロップを作る。材料を鍋に合わせ、適度なとろみがつくまで煮詰めて冷まし、漉す。
2　ベリー以外のフルーツはすべて皮をむいて四角く切る。フルーツと寒天を器に盛り付け、赤豆を散らし、セルフィーユを飾る。シロップを添える。

フルーツサンド

フルーツをたっぷり使っているので、見た目より軽く食べられます。挟むフルーツはお好みのもので（酸味があるほうがおいしい）。

材料（2人分）
食パン（12枚切り）　4枚
ホイップクリーム
├生クリーム　60ml
├グラニュー糖　10g
└＊九分立てにする（作り方はp.144参照）。
無塩バター　少量
フルーツ
├マンゴー　1/2個
├イチゴ　3個
├キウイ　1個
└バナナ　1/4本

1　食パンにバターを塗る。そのうちの2枚にホイップクリームの半量を塗る。
2　フルーツ（皮のあるものはむく）は、適当な大きさに切り、ホイップクリームを塗ったパンにバランスよく並べる。
3　上から残りのホイップクリームを塗り（またはのせるパンに塗ってもよい）、バターを塗ったパンを、バターの面を下にして重ねる。2つを重ねてラップフィルムで包み、冷蔵庫で冷やして落ち着かせる。
4　3のミミを切り落とし、食べやすい大きさに切る。

マンゴーのパフェ　写真：p.131

材料（1個分）
マンゴー　1/2個
マンゴーのジュース（右記参照）　少量
ホイップクリーム（八分立て。p.132参照）　適量
マンゴーのグラニテ（右記参照）　少量
マンゴーのシャーベット（右記参照）　少量
赤粒ゼリー（右記参照）　少量

1　マンゴーは皮をむき（一部は残す）、くし形に切る（一部は粗く切る）。
2　グラスにマンゴーのジュース、ホイップクリーム、粗く切ったマンゴー、ホイップクリーム、マンゴーのグラニテの順に重ねて入れる。
3　マンゴーのシャーベット、くし形に切ったマンゴーを盛り、赤粒ゼリーをのせる。

＋マンゴーのジュース

（作りやすい量）
マンゴー　1/2個
アスコルビン酸　少量

皮をむいて種を除いたマンゴーの果肉にアスコルビン酸を加え、ミキサーにかける。

＋マンゴーのグラニテ

（作りやすい量）
マンゴー　1個
グラニュー糖　40g
アスコルビン酸　少量

1　マンゴーは皮をむいて種を除き、グラニュー糖とアスコルビン酸を加えてミキサーにかけ、ジュースにする。容器に入れて冷凍する。
2　1をスプーンですくって使う。

＋マンゴーのシャーベット

（作りやすい量）
マンゴー　1/2個

マンゴーは皮をむいて種を除き、ミキサーにかけてジュースにする。容器に入れて冷凍庫で凍らせ、1時間おきに2、3回空気を入れるように混ぜる。

＋赤粒ゼリー

（作りやすい量）
水　160ml
グレナデンシロップ　40ml
グラニュー糖　40g
板ゼラチン　40g（冷水でふやかす）
サラダ油　適量

1　鍋に分量の水、グレナデンシロップ、グラニュー糖を合わせてひと煮立ちさせ、粗熱が取れたらふやかしたゼラチンを入れる。
2　1のゼリー液をスポイトで1滴ずつ、サラダ油の中に垂らし、そのまま固める。
3　2の油を切り、冷水でよく洗う。

フルーツケーキ

上のフルーツ：
リンゴ（アルプス乙女）
オレンジ
パパイヤ
キウイ
キンカン
イチゴ
ブルーベリー
ブラックベリー
ラズベリー
ホワイトカラント
レッドカラント
ブドウ

フルーツロールケーキ

小さく作ればパーティにも（写真はプレーンな生地とイチゴの生地で作ったもの）。

143

フルーツケーキ

切り口の彩りが美しいケーキです。
上にのせるフルーツは、ここでは中心にまとめて
盛りましたが、薄切りや飾り切りにして
敷き詰めてもいいでしょう。

材料
スポンジ（右記参照）　30×30cmの天板3枚分
ホイップクリーム（九分立て。右記参照）　右記の分量
中身のフルーツ
├イチゴ　60～65個
├キウイ　4～5個
├マンゴー　2個
└パパイヤ　1個
上のフルーツ
├オレンジ、パパイヤ、キウイ、イチゴ、キンカン、
├リンゴ（アルプス乙女）、ブドウ、ブルーベリー、
├ブラックベリー、ラズベリー、レッドカラント、
└ホワイトカラント　各適量

1 1段目のスポンジに、九分立てのホイップクリームを約1/6量塗って、表面をゴムベラでならす。
2 ヘタを切り取った丸ごとのイチゴを**1**の上に並べ、**1**と同量のホイップクリームを塗って、スポンジを1枚重ねる（天板をのせ、上から軽く押す。以下同じ）。
3 2段目にも同量のホイップクリームを塗り、ゴムベラでならす。
4 キウイは皮をむき、マンゴーとパパイヤは種と皮を取り、すべて縦4等分のくし形に切る。**3**の上に斜めに並べ、同量のホイップクリームを塗って、スポンジをもう1枚重ねる。
5 上にも同量のホイップクリームを塗り、ゴムベラでならす。美しく見せたい場合は、ケーキの4つの側面を包丁で切り落とし、フルーツの断面が見えるようにする。残りのホイップクリームを絞り袋（またはビニール袋の一角をカットしたもの）に入れ、上の面を飾る。
6 飾り用にカットしたフルーツを、中央に形よく盛り付ける。

＋スポンジ

材料（30×30cmの天板3枚分）
卵　9個
グラニュー糖　270g
牛乳　45ml
無塩バター　45g
薄力粉　270g

1 卵は卵黄と卵白に分ける。卵白はボウルに入れ、泡立て器で持ち上げても落ちてこないくらいまで泡立てたら、グラニュー糖の半量を2、3回に分けて加え、角が立つまで更によく泡立てる。
2 別のボウルに卵黄と残りのグラニュー糖を入れ、白っぽくなるまで泡立てる。
3 **1**に**2**を加えて混ぜ、泡立て器を持ち上げると、リボン状に流れ落ちるまでもったりさせる。
4 牛乳とバターを器に入れ、湯煎または電子レンジにかけてバターを溶かしておく。
5 薄力粉をふるいにかけながら、2、3回に分けて**3**に加え、木ベラで切るように素早くさっくり混ぜ合わせる（混ぜすぎると膨らまないので注意する）。
6 **5**に**4**を加え、だまがなくなるまで素早く混ぜ合わせる。
7 **6**の生地の1/3量を、クッキングシートを敷いたオーブンの天板に流し込む。160℃のオーブンで約20分焼いて冷ましておく。同様にスポンジを計3枚焼いて粗熱を取った後、冷蔵庫で3時間から一晩ねかせる。

＋ホイップクリーム

生クリーム　1ℓ
グラニュー糖　70g

ボウルに生クリームとグラニュー糖を入れ、ボウルごと氷水で冷やしながら、泡立て器またはハンドミキサーで九分立てに泡立てる。
＊九分立ては、泡立て器を持ち上げてもクリームが落ちてこない状態。

フルーツロールケーキ

生地とクリーム、フルーツの組み合わせでいくらでも
バリエーションが生まれるロールケーキです。
ここではココア味の生地、ホイップクリームと
マスカルポーネクリームの2種のクリーム、
フルーツはイチゴとマンゴーの組み合わせで。

材料(1本分)
スポンジ(30×30cmの天板1枚分)
- 卵　4個
- グラニュー糖　100g
- 牛乳　大さじ1 1/2
- 無塩バター　20g
- 薄力粉　40g
- ココアパウダー　60g
- ベーキングパウダー　小さじ1/4

マスカルポーネクリーム
- 牛乳　大さじ2
- 板ゼラチン　3g(冷水でふやかす)
- マスカルポーネチーズ　40g
- 卵黄　1個
- グラニュー糖　10g
- 生クリーム　60ml(六分立てにする。p.137参照)

ホイップクリーム
- 生クリーム　70ml
- グラニュー糖　小さじ1
- *九分立てにする(p.144参照)。

イチゴ(ヘタを切り落とす)　適量
マンゴー(皮をむいて縦長に切り分ける)　適量

1　スポンジを作る(作り方は前頁参照。前頁の作り方5のときに、ココアパウダーも一緒にふるいにかける)。でき上がった生地を、クッキングシートを敷いた天板に流し込み、160℃のオーブンで約20分間焼く。竹串を刺してみて何もついてこなければ取り出し、そのまま冷ましておく。粗熱が取れたらクッキングシートごとラップフィルムをかけ、冷蔵庫で3時間から一晩ねかせ、スポンジをしっとりさせる。

2　マスカルポーネクリームを作る。牛乳を小鍋に入れ、中火にかけて人肌に温めたら、冷水でふやかしたゼラチンを加えて完全に溶かす。

3　マスカルポーネチーズをボウルに入れておく。別のボウルに卵黄とグラニュー糖を入れ、白っぽくもったりするまで混ぜ合わせたら、マスカルポーネチーズに加え、混ぜ合わせる。

4　3に2を加えて混ぜ、六分立てにした生クリームを加え、さっくり混ぜて冷蔵庫で冷やす。

5　スポンジをクッキングシートごとまな板におき、手前側半分にホイップクリームを塗る。手前よりにイチゴを並べ、イチゴがほぼかくれるくらいにホイップクリームを塗る。

6　クッキングシートごと手前から持ち上げ、イチゴを包むように生地を巻き込み、手で押さえる。

7　巻いた部分のクッキングシートをはがし、反対側を手前にし、マスカルポーネクリームを塗る。中央より少し奥側にマンゴーを並べ、マンゴーにクリームを塗り、巻かれた生地との間にもクリームを塗る。

8　再び、巻かれた生地のほうを手前におき、クッキングシートごと持ち上げて、マンゴーにかぶせるように巻く。

9　巻き終わったら、定規などをクッキングシートの上から押し当てて締め、形を整える。

10　クッキングシートのまま冷蔵庫にしばらく入れて、締めておくと切りやすい。

ジュース

フルーツをミキサーにかけてシンプルなジュースに。それぞれのフルーツをカットして、グラスの縁に飾りましょう。

オレンジジュース

材料
オレンジ　3個（約150ml）

オレンジを横半分に切ってスクイザーなどで絞り、果汁をシノワで漉す。

イチゴジュース

材料
イチゴ　12個（約150ml）

ヘタを除き、ミキサーにかける。

パパイヤジュース

材料
パパイヤ　1/2個（約150ml）
水　50ml

パパイヤの皮をむいて適当な大きさに切り、水とともにミキサーにかける。

キウイジュース

材料
キウイ　3個（約150ml）
水　30ml

キウイフルーツの皮をむき、水とともにミキサーにかける。
＊キウイの種はつぶしてしまうと渋みが出るので、約1秒間回しては止める、という要領で数回繰り返す。
＊甘さがほしい場合はガムシロップを入れてもよい。

ドラゴンフルーツジュース

材料
ドラゴンフルーツ　1個（約150ml）
水　30ml
ガムシロップ　適量

ドラゴンフルーツは皮をむき、適当な大きさに切り、水とともにミキサーにかける。ガムシロップで甘さを調節する。
＊ドラゴンフルーツの種はつぶしてしまうと渋みが出るので、約1秒間回しては止める、という要領で数回繰り返す。

スイカジュース

材料
スイカ　1/6個（約150ml）

スイカの皮をむき、適当な大きさに切って種を取り、ミキサーにかける。
＊スイカの飾り：果肉を2cmほどの厚さに残して切った皮つきのスイカを、直径4cmほどの丸型で抜き、皮の半分を切り取って除く。

紅茶

フルーツと紅茶はとても相性がよく、さまざまなフルーツティーがあります。

エベレストティー

シャリマティー

材料（ティーカップ1杯分）
紅茶葉（ニルギリ）　2.5g
オレンジ（スライス）　1枚
クローブ　2粒
熱湯　180ml

1　ポットに湯を注いで温め、湯を捨てる。
2　1のポットに茶葉を入れ、熱湯を注ぎ、2分30秒蒸す。
3　クローブを刺したオレンジスライスをカップに入れ、2の紅茶を上から茶漉しを使って注ぐ（好みでグラニュー糖を入れる）。

材料（グラス1杯分）
フルーツ各種（飾り用）
　┌スイカ、パイナップル、マンゴー、
　├パパイヤ、ライム、オレンジ、
　├マスクメロン、グレープフルーツ
　├（ピンク）、リンゴ、ブドウ、キウイ、
　└イチゴ、ラズベリー
紅茶葉（ニルギリ）　2.5g
熱湯　100ml
氷　適量
ガムシロップ　適量

1　グラスに氷を入れ、カットしたフルーツを彩りよく飾る。
2　ポットに茶葉を入れて熱湯を注ぎ、蓋をして2分30秒間蒸す。
3　2の紅茶を1の上から茶漉しを使って注ぐ。ガムシロップを添える。

アイスカリフォルニア

材料（グラス1杯分）
紅茶葉（ニルギリ）　2.5g
熱湯　100ml
グレープフルーツの果汁　30ml
氷　適量
グレープフルーツ（飾り用）　1カット
ガムシロップ　適量

1　グレープフルーツの果汁を絞る。
2　ポットに茶葉を入れて熱湯を注ぎ、2分30秒間蒸す。
3　グラスに氷を入れ、1の果汁を注ぐ。
4　2の紅茶を軽くひとかきし、茶漉しを使って3のグラスに注ぐ。グラスの縁にグレープフルーツを飾り、ガムシロップを添える。

フルーツパーティ

友人を招いてもてなすホームパーティや、
小さなレストランで行なうウエディングパーティ。
いつもと趣向を変えて、フルーツをたくさん使った
フルーツパーティはいかがでしょう。

フルーツ重で祝うお正月

通常のおせち料理のように、作りおきのできるものではありませんが、
色とりどりのフルーツやフルーツ料理をお重に詰めた演出は、お客様を楽しませてくれるでしょう。

A：フルーツ散らし寿司

B：カットフルーツ盛り合わせ
オレンジ、マンゴー、ドラゴンフルーツ、西洋ナシ（ラ・フランス）、
パイナップル、パパイヤ、イチゴ、リンゴ（アルプス乙女）、
マスクメロン、みかん、グレープフルーツ（ピンク）、スイカ、
ブドウ（紫苑）、キンカン、ブルーベリー、レッドカラント

C：
マンゴー巻き（メロン、スイカ、和ナシ、キウイ）、キウイ、
和ナシとカキのなます風、ピスタチオムース＋クリームチーズムース
＋イチゴゼリーのフルーツテリーヌ、フルーツのゼリー寄せ
（リンゴ、イチゴ、マンゴー、チーズクリーム）、ブルーベリーの黒豆風、
栗きんとん、リンゴ、日向夏、みかん、マンゴー、カキ

フルーツ重で祝うお正月

A
フルーツ散らし寿司

材料
酢飯　適量
グレープフルーツ（ホワイト、ピンク）、みかん、
スモークサーモン（薄切り）、イクラ、レモンの皮、
サンショウの葉　各適量

1　グレープフルーツとみかんは皮をむき、果肉を房から切り出して、更に小さく切る。サーモンは短冊形に切る。
2　重箱に酢飯を入れ、上に**1**とイクラを散らし、松葉に切ったレモンの皮とサンショウを散らす。

B
カットフルーツ盛り合わせ

カットしたいろいろなフルーツ（p.149参照）を、バランスよく重箱に盛り付ける。中心になるもの、大きなものを先に盛り、間に小さなフルーツを盛り込み、最後にアクセントになるものを添える。変色しやすいフルーツは色止めをしっかりする。

C
マンゴー巻き
（メロン、スイカ、和ナシ、キウイ）

マンゴーを薄切りにして、棒状に切ったスイカ、和ナシ、キウイの果肉を巻く。

和ナシとカキのなます風

和ナシとカキは皮をむき、芯を除き、薄い短冊切りにする。酢大さじ4、砂糖大さじ1を合わせたなます酢に漬ける。器に盛り、細切りにしてひと結びしたリンゴの皮を飾る。

マンゴー巻き
和ナシとカキのなます風
ピスタチオムース
＋クリームチーズムース
＋イチゴゼリーのフルーツテリーヌ
フルーツのゼリー寄せ
ブルーベリーの黒豆風

ピスタチオムース
＋クリームチーズムース
＋イチゴゼリーのフルーツテリーヌ

材料（作りやすい量）
ピスタチオムース
- 生クリーム　80ml
- 牛乳　25ml
- 卵黄　25g
- グラニュー糖　20g
- ピスタチオペースト（市販）　5g
- 板ゼラチン　5g（冷水でふやかす）

クリームチーズムース
- 生クリーム　50g
- 牛乳　50ml
- クリームチーズ　50g（常温に戻す）
- グラニュー糖　15g
- 板ゼラチン　5g（冷水でふやかす）
- レモン果汁　5ml

イチゴゼリー
- 水　100ml
- グラニュー糖　20g
- 板ゼラチン　5g（冷水でふやかす）
- イチゴシロップ（市販）　2g

1　ピスタチオムースを作る。生クリームを八分立てにする（p.132参照）。
2　卵黄とグラニュー糖を泡立て器ですり混ぜ、ピスタチオペーストを加えて混ぜる。
3　牛乳を温めて2に加え、鍋に移して82〜83℃で煮詰めてアングレーズを作る。
4　3が熱いうちにふやかしたゼラチンを入れて溶かす。
5　シノワ（漉し器）で漉し、人肌に冷ます。
6　5に1を加えて合わせ、バットに1cm厚さに入れて、冷蔵庫で冷やし固める。
7　クリームチーズムースを作る。生クリームを八分立てにする。
8　牛乳にグラニュー糖を加えて温める。
9　ふやかしたゼラチンを8に入れて溶かす。
10　常温に戻したクリームチーズに9を加えながら混ぜ合わせ、レモン果汁を加える。
11　10に7を加えて合わせ、固まった6の上に1cm厚さに入れて、冷蔵庫で冷やし固める。
12　イチゴゼリーを作る。分量の水、グラニュー糖、イチゴシロップを合わせてひと煮立ちさせ、ふやかしたゼラチンを入れて溶かす。
13　12が冷めたら固まった11の上に1cm厚さに入れて、冷蔵庫で冷やし固める。適当な大きさに切って盛り付ける。

フルーツのゼリー寄せ

材料（作りやすい量）
イチゴ、マンゴー、リンゴ　各適量
白ワインゼリー
- 水　40ml
- グラニュー糖　6g
- 白ワイン　小さじ1/2
- 板ゼラチン　1g（冷水でふやかす）

チーズクリーム
- クリームチーズ　20g
- グラニュー糖　5g
- ハチミツ　大さじ1
- ＊混ぜ合わせてクリーム状にする。

1　分量の水、グラニュー糖、白ワインを合わせてひと煮立ちさせ、ふやかしたゼラチンを加えて溶かし、白ワインゼリー液を作る。
2　小角に切ったイチゴ、マンゴーを器に入れ、冷ました1の白ワインゼリー液をひたひたに注いで冷蔵庫で冷やし固める。固まったら、薄切りのリンゴとチーズクリームをのせる。

ブルーベリーの黒豆風

赤ワイン100ml、水100ml、砂糖100g、醤油小さじ2を合わせてひと煮立ちさせてシロップを作る。冷めたらブルーベリーを入れて、薄い細切りにしたオレンジの皮とともに漬ける。

夏の立食フルーツパーティ

熱い夏のパーティには、みずみずしいフルーツがぴったりです。
ゼリーやフルーツポンチなど、喉をうるおすデザートをいくつか
揃えておきましょう。フルーツサンドは食べやすく一口大に。

フルーツポンチ：
キウイ、パイナップル、スイカ、
ドラゴンフルーツ（白肉）、パパイヤ、
バナナ、キンカン、和ナシ、ブドウ、リンゴ、
ブルーベリー、ラズベリー、ミント

フルーツトライフル

フルーツピンチョス：
グリーンオリーブ＋イチゴ
ブラックオリーブ＋マンゴー
チーズ＋スイカ
生ハム＋メロン

ブルスケッタ：
キウイ＋クリームチーズ＋レッドペッパー
ブルーベリージャム＋ブルーベリー
イチゴ＋バジル＋チーズ（マスカルポーネ）
＋黒コショウ

カットフルーツ

フルーツゼリー：
マンゴー
マスクメロン
オレンジ
スイカ
グレープフルーツ
イチゴ

フルーツサンド

夏の立食フルーツパーティ

フルーツトライフル

材料・作り方　p.137参照（薄切りのアーモンドを散らす）。

フルーツサンド

材料・作り方（角切りにする場合）　p.140参照（フルーツはキウイ、マンゴー、イチゴ、パイナップルを使用）

（ロールにする場合の作り方）
1　食パンにバターを塗り、更にホイップクリームを塗る。
2　フルーツ（皮のあるものは皮をむく）は縦長にカットする。
3　ラップフィルムを広げて**1**のパンをおき、中央に**2**のフルーツをミックスしてのせる。
4　ラップごとパンを持ち上げ、パンの端をフルーツに巻き込むように巻いたら、一度手で押さえる。更に最後まで巻き、手で押さえて形を整える。このまま冷蔵庫にしばらく入れて締める。
5　**4**を一口大に切る。

フルーツピンチョス

グリーンオリーブ＋イチゴ
ブラックオリーブ＋マンゴー
チーズ＋スイカ
生ハム＋メロン

丸く抜いたり、四角くカットしたフルーツを、オリーブ、チーズ、生ハム、サーモンなど相性のいい素材と組み合わせてピンに刺す。

ブルスケッタ

キウイ＋クリームチーズ＋レッドペッパー
ブルーベリージャム＋ブルーベリー
イチゴ＋バジル＋チーズ（マスカルポーネ）＋黒コショウ

薄切りにしたフランスパンにバターを塗り、フルーツを相性のいい素材と組み合わせてのせる。

フルーツポンチ

キウイ、パイナップル、スイカ、ドラゴンフルーツ（白肉）、パパイヤ、バナナ、キンカン、和ナシ、ブドウ、リンゴ、ブルーベリー、ラズベリー、ミント　各適量
サイダー（またはシャンパン）　750ml
みかんなどの缶詰のシロップ　大1缶分

みかんなどの缶詰のシロップにサイダーを合わせて大きめの器に入れ、提供する直前に食べやすくカットしたフルーツを入れる。

フルーツゼリー

材料（各フルーツ共通。各4、5個分）
果汁（使用する果肉をミキサーにかけたもの）　250g
板ゼラチン　5g（冷水でふやかす）
グラニュー糖　5g
フルーツ（マンゴー、マスクメロン、オレンジ、スイカ、
　　グレープフルーツ、イチゴ）　各適量

1　ふやかしたゼラチンの水気を切り、器に入れて、電子レンジでゼラチンが液体になるまで温める。
2　1にグラニュー糖を加えて溶かす。
3　泡立て器で混ぜながら、果汁に2を少量ずつ加えていく。
4　完全に混ざったら器に入れ、冷蔵庫で2時間冷やす。
5　上にカットしたフルーツを飾る。

子供のためのフルーツバースデイパーティ

丸くくり抜いたフルーツを使ったスイカのフルーツポンチ。
パイナップルに刺した色とりどりのスティックフルーツなど、
子供たちが喜びそうなメニューと盛り付けです。

スティックフルーツ：
キンカン＋グレープフルーツ＋オリーブ
和ナシ＋マンゴー＋キウイ
ブドウ＋リンゴ＋マンゴー＋和ナシ
イチゴ＋キウイ＋グレープフルーツ＋ブルーベリー
ドラゴンフルーツ＋スイカ＋カキ

ドリンク：
リンゴジュース＋炭酸
フルーツミルクセーキ
（マンゴー、イチゴ、ブルーベリー）

スイカのフルーツポンチ：
（中のフルーツ）
スイカ、マンゴー、パパイヤ、マスクメロン、ミント

フルーツミニバーガー：
オレンジ＋ローストチキン＋トマト＋レタス
アボカド＋マンゴー＋ハム＋マヨネーズ

ホワイトチョコレートのムースケーキ：
（中央のフルーツ）
リンゴ（アルプス乙女）、オレンジ、
グレープフルーツ
カキ、イチジク、和ナシ

子供のためのフルーツバースデイパーティ

ホワイトチョコレートのムースケーキ

材料（直径18cmのリング型1台分）
ホワイトチョコレート　200g
生クリーム　400ml
中央のフルーツ
┌ リンゴ（アルプス乙女）、オレンジ、グレープフルーツ、
└ カキ、イチジク、和ナシ　各適量
食用花　少量

1　ボウルに、ホワイトチョコレートを細かく削り入れ、湯煎にかけてなめらかにする。
2　生クリーム100mlを鍋に入れ、中火で沸騰直前まで温めたら、1に加えて混ぜ合わせ、チョコレートが完全に溶けたら粗熱を取っておく。
3　生クリーム300mlを六分立て（p.137参照）にし、3回に分けて2に加えながらゴムベラで混ぜ合わせ、型に流し込む。トントンと底を数回打ちつけ、表面を平らにしたら、冷蔵庫で冷やし固める。
4　固まったら型から取り出して器にのせ、中央に飾り切りをしたフルーツを盛り、まわりに食用花を飾る。

スイカのフルーツポンチ

材料
スイカ（大）　1個
中のフルーツ
└ スイカ、マンゴー、パパイヤ、マスクメロン、ミント　各適量
ポンチシロップ（p.136「フルーツポンチ」参照）　適量

1　スイカでバスケットを作る。
2　フルーツは、くり抜き器で丸くくり抜く。
3　1に2のフルーツとポンチシロップを入れ、ミントの葉を散らす。

フルーツミニバーガー

材料
バンズ、バター、マヨネーズ　各適量
A
└ オレンジ、ローストチキン、トマト、レタス　各適量
B
└ アボカド、マンゴー、ハム、マヨネーズ　各適量

1　バンズの内側に、バターとマヨネーズを塗る。
2　A、Bの具材をそれぞれのせて挟む。

スティックフルーツ

キンカン＋グレープフルーツ＋オリーブ
和ナシ＋マンゴー＋キウイ
ブドウ＋リンゴ＋マンゴー＋和ナシ
イチゴ＋キウイ＋グレープフルーツ＋ブルーベリー
ドラゴンフルーツ＋スイカ＋カキ

フルーツは丸く抜いたり、四角やくし形にカットして、彩りを考えながら竹串に刺し、パイナップルの縦カップ（p.55参照）に刺す。

リンゴジュース＋炭酸

市販のリンゴジュースと炭酸を、同量ずつ混ぜ合わせる。

フルーツミルクセーキ

材料（3杯分。各1杯ずつ）
マンゴー（果肉）　1個分
イチゴ　10個
ブルーベリージャム　小さじ2
A
├ 卵黄　1個
├ 牛乳　500ml
└ グラニュー糖　30g

1 Aをミキサーにかける。
2 1を1/3量ずつに分け、それぞれにマンゴー、イチゴ、ブルーベリージャムを加えてミキサーにかける。

フルーツで動物

パーティの楽しい演出に。

オレンジのネコ
目はブルーベリー。

キウイのハリネズミ
目はパパイヤの種。

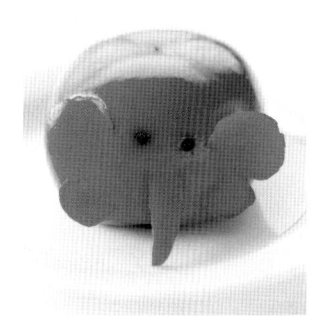

カキのゾウ
目はキウイの種

レモンの豚
目はパパイヤの種。

オレンジの皮とレモンの皮で作ったライオン
目はブルーベリー。

フルーツウエディングパーティ

小さなレストランや自宅に友人たちを招いて祝うウエディングパーティ。
フルーツデザートを揃えて華やかなテーブルに。対照的に、ウエディングケーキは
まっ白なクリームにフルーツを控えめに使って仕上げると、美しく引き立ちます。

フルーツとチーズ

ウエディングケーキ：
マスクメロン、ラズベリー

シャンパン：
イチゴ、ラズベリー

フルーツコーティングチョコ：
リンゴ＋チョコレート
キンカン＋チョコレート＋ホワイトチョコレート
イチゴ＋チョコレート＋ホワイトチョコレート
サクランボ＋チョコレート
サクランボ＋ホワイトチョコレート
キウイ＋チョコレート
イチゴ＋チョコレート＋ピスタチオ
キンカン＋チョコレート
イチゴ＋ホワイトチョコレート＋ピスタチオ
キンカン＋ホワイトチョコレート
リンゴ＋ホワイトチョコレート
キウイ＋ホワイトチョコレート

フルーツテリーヌ：
A：イチゴ、ブルーベリー、レッドカラント
B：キンカン、グレープフルーツ（ホワイト、ピンク）、せとか
C：スイカ、オレンジ、マンゴー、イチゴ、メロン、ブルーベリー

フルーツウエディングパーティ

フルーツとチーズ

イチジク＋カマンベール＋青かび（ゴルゴンゾーラ）チーズ
ブルーベリー＋レッドカラント＋ミモレット
マスクメロン＋カマンベール

相性のいいフルーツとチーズを組み合わせて盛り付ける。

ウエディングケーキ

材料
ケーキ
├ スポンジ（p.144参照。6cm厚さに焼く）
│　　p.144の量を目安に
├ ホイップクリーム（九分立て。p.144参照）
│　　p.144の量を目安に
├ マスクメロン　適量
└ イチゴ　適量
飾りのフルーツ
├ マスクメロン　適量
└ ラズベリー　適量

1 厚さ6cm、直径18cmのスポンジを3枚（下段）、厚さ6cm、直径16cmのスポンジを2枚（中段）、厚さ6cm、直径14cmのスポンジを2枚（上段）用意する。
2 下段はスポンジの間に丸ごとのイチゴとホイップクリームを挟んで2段にし、中段は、2枚のスポンジの間に、適宜にカットしたマスクメロンとホイップクリームを挟み、上段は、2枚のスポンジの間に丸ごとのイチゴとホイップクリームを挟んで作る。
3 下、中、上段のケーキを重ねてまわりをクリームで飾り、くり抜き器で丸く抜いたマスクメロンとラズベリーで飾る。

フルーツコーティングチョコ

リンゴ＋チョコレート
キンカン＋チョコレート＋ホワイトチョコレート
イチゴ＋チョコレート＋ホワイトチョコレート
サクランボ＋チョコレート
サクランボ＋ホワイトチョコレート
キウイ＋チョコレート
イチゴ＋チョコレート＋ピスタチオ
キンカン＋チョコレート
イチゴ＋ホワイトチョコレート＋ピスタチオ
キンカン＋ホワイトチョコレート
リンゴ＋ホワイトチョコレート
キウイ＋ホワイトチョコレート

1 チョコレート（スイート）とホワイトチョコレートはそれぞれ細かく刻んでから湯煎にかけ、完全に溶かす。
2 フルーツは皮つきのものは水で洗って水気をふき取る。
3 フルーツに長い串を刺し、**1**のチョコレートにつけ（砕いたピスタチオをつけるものはここでつける）、冷蔵庫で冷やし固める。

フルーツテリーヌ

材料（3型分）
水　2ℓ
グラニュー糖　300g
板ゼラチン　60g（冷水でふやかす）
コアントロー（リキュール）　30ml
A）イチゴ、ブルーベリー、レッドカラント　各適量
B）キンカン、グレープフルーツ（ホワイト、ピンク）、せとか
　各適量
C）スイカ、オレンジ、マンゴー、イチゴ、メロン、
　ブルーベリー　各適量

1 分量の水とグラニュー糖を鍋に入れ、火にかけて溶かす。
2 **1**を火からおろし、ふやかしたゼラチンを入れる。
3 ゼラチンが溶けたらコアントローを加え、冷ましておく。
4 適宜に切ったA、B、Cのフルーツをそれぞれ型（トヨ型、リング型など）に入れ、冷めた**3**のゼリー液を入れる。
5 冷蔵庫に2時間入れて、冷やし固める。

フルーツクリスマスパーティ

赤と白のクリスマスカラーをポイントにしたシックなクリスマスパーティのテーブル。
大人と子供が一緒に楽しめるメニューです。
フルーツで作るクリスマスツリーも楽しい。

フルーツクリスマスツリー

サングリア：
リンゴ、オレンジ

ポテトサラダ
アボカドとレッドカラントを添えて

スムージー（マンゴー、メロン、イチゴ）

アップルパイ

焼きリンゴ

イチゴのサンタクロース

イチゴとベリーのクリスマスケーキ：
イチゴ
ブルーベリー
ラズベリー
ブラックベリー
レッドカラント

フルーツクリスマスパーティ

フルーツクリスマスツリー

円錐形のアレンジフォーム（手芸店などで入手可能）に小さなフルーツ（イチゴ、ミニリンゴ、ラズベリー、ブラックベリー、レッドカラント、キンカンなど）を下から刺していく。先にアレンジフォームに短めの竹串を刺し、そこにフルーツを刺していくのがコツ。トップには星型などのクリスマスオーナメントを飾るとよい。
＊リンゴは色止めをしないと切り口が変色してくるが、その色合いが好みであれば、あえて色止めをする必要はない。

サングリア

材料（作りやすい量）
赤ワイン　500ml
オレンジジュース　1500ml
グラニュー糖またはガムシロップ　100g
レモン果汁　少量
シナモンスティック、クローブ　各適量
オレンジ、リンゴ（皮つきのまま大きめに切る）　各適量

大きめのピッチャーなどに、すべての材料を合わせて入れる。

ポテトサラダ
アボカドとレッドカラントを添えて

材料（作りやすい量）
ジャガイモ　500g（4個）
塩、コショウ　各適量
マヨネーズ　80g
リンゴ酢　20ml
アボカド（スライス）　1個分
レッドカラント　5、6粒
ディル　少量

1　ジャガイモをゆでて皮をむき、塩、コショウをして粗くつぶし、冷ましておく。
2　マヨネーズとリンゴ酢を混ぜ合わせ、冷めた1に加えて混ぜる。
3　2を器に盛り、スライスしたアボカドを飾り、レッドカラントを散らす。ディルを添える。

イチゴのサンタクロース

イチゴの先端側を少し切り離す。切り口にホイップクリームを丸く絞り、切り離した部分をのせる。
アイシング（粉砂糖100gと卵白大さじ1をよく混ぜ合わせる）で作ったボタンと帽子飾りをつける。

焼きリンゴ

材料
リンゴ（紅玉）　2個
リンゴ（アルプス乙女）　2個
シロップ
├水　300ml
├グラニュー糖　60g
└レモンスライス　適量
グラニュー糖　適量

1　シロップの材料を合わせてひと煮立ちさせる。
2　リンゴはフォークで表面全体に数ヵ所穴を開け、グラニュー糖を適量まぶす。紅玉は160℃のオーブンで30分、アルプス乙女は170℃のオーブンで15分焼く。こんがりしたら、1のシロップに漬ける。

アップルパイ

材料（3、4人分）
焼きリンゴ（前項参照。紅玉で作ったもの）　1個
カスタードクリーム
├薄力粉　15g
├グラニュー糖　50g
├牛乳　200ml
├卵　1個
├バニラエッセンス　少量
└＊作り方はp.137参照。
冷凍パイシート（約10×17.5cm）　2枚
溶き卵　1個分

1　冷凍パイシートは解凍しておく。
2　1のパイシートの上にカスタードクリームをのばし、輪切りにして更に半分に切った焼きリンゴを並べる。パイシートのまわりは1cm程度残しておく。焼きリンゴを作ったときに出た汁を、パイシートから垂れない程度にかける。
3　もう1枚のパイシートに、伸ばしたときに網目ができるよう、切り込みを入れる。
4　2のパイシートのまわりに溶き卵を塗り、3のパイシートをかぶせ、片側の短い辺の縁を合わせ、伸ばすようにしながらリンゴにかぶせていく。四辺の縁を、フォークの背などで押さえてしっかりと合わせる。
5　160℃に熱したオーブンで約30分焼き、一度取り出して、残りの溶き卵を全体に塗り、更に10分ほど焼き上げる。

スムージー（マンゴー、メロン、イチゴ）

材料
フルーツ
└マンゴー、マスクメロン、イチゴ　各適量
ガムシロップ（好みで）　適量

1　フルーツの果肉はそれぞれ凍らせる。
2　1を半解凍し、それぞれミキサーにかけ、好みでガムシロップを加えて甘みをつける。

イチゴとベリーのクリスマスケーキ

材料
ケーキ
├スポンジ（p.144参照）　p.144の量
├ホイップクリーム（九分立て。p.144参照）　p.144の量
└イチゴ（ヘタを取る）　適量
上のフルーツ
├イチゴ（縦半分に切る。花切り）、ブルーベリー、
└ラズベリー、ブラックベリー、レッドカラント　各適量
ミント　少量

1　p.144のフルーツケーキの作り方を参照して、丸ごとのイチゴのみを2段に挟んだケーキを作る。
2　上の面にフルーツをきれいに盛り付け、ミントを散らす。

種の楽しみ方

残ったフルーツの種から、観葉植物を育てることができます。
特に野生種に近い南国のフルーツは、発芽しやすく育てやすいのでおすすめです。

ドラゴンフルーツ

アボカド

パパイヤ

マンゴー

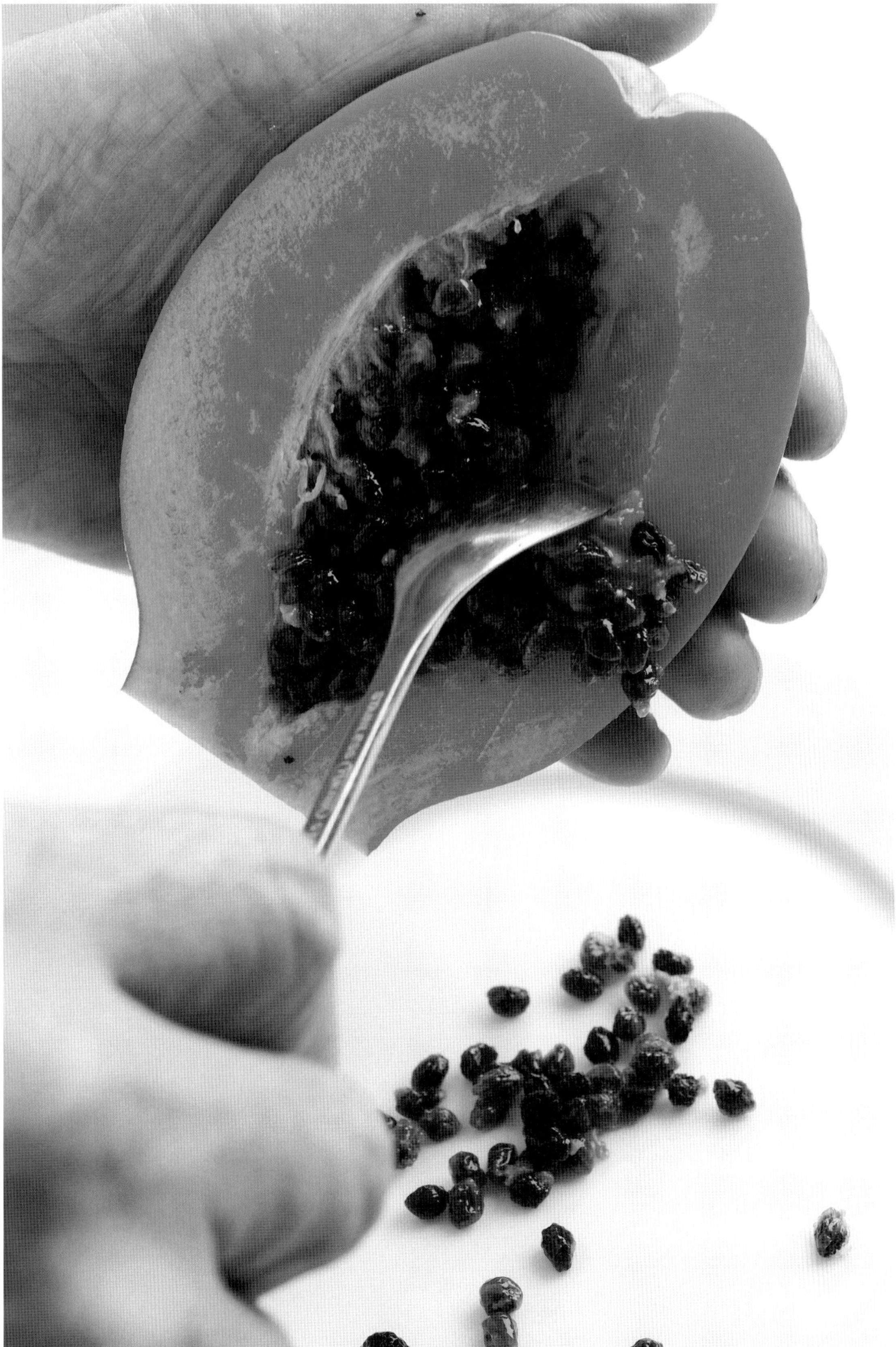

フルーツの保存と栄養
（五十音順）

アケビ
保存方法
乾燥を防ぐため、ビニール袋に入れて冷蔵庫で保存します。1週間ほど持ちますが、完熟したものはなるべく早く食べましょう。果実の中身を取り除いた果皮は、ビニール袋に入れて冷凍すると長期保存できます。

含まれている栄養成分
（ビタミンC、葉酸、カリウム）
ビタミンCは、シミやソバカスの原因のメラニン色素を抑える効果があるとされています。また葉酸は、貧血の予防や動脈硬化の予防が期待できます。

アボカド
保存方法
果皮が緑色で硬い未熟なものは、風通しのよい場所で常温保存します。完熟したらビニール袋に入れて冷蔵庫へ。半分だけ保存したい場合は、種のついたほうを選び、ラップフィルムにくるむと多少日持ちします。

含まれている栄養成分
（カリウム、ビタミンE、ビタミンB群、食物繊維、葉酸、鉄分）
脂質が全体の20％も占めていますが、大部分が不飽和脂肪酸なので、血中の中性脂肪やコレステロールの量を調節する働きが期待できます。老化防止に効果があるとされているビタミンEや、便秘の予防が期待できる食物繊維も多く含まれていて、栄養価の高さはトップクラスです。

イチゴ
保存方法
ヘタを取ったり、水洗いせずにそのままラップフィルムに包むかビニール袋に入れて、冷蔵庫で保存します。日持ちはしないので、できるだけ早く食べ切りましょう。水洗いをするとカビが生えやすく腐りやすいので、食べる直前に洗います。ヘタも取ると、水分が蒸発して味が落ちてしまうので注意。

含まれている栄養成分
（ビタミンC、葉酸、食物繊維）
ビタミンCの含有量がフルーツの中でもトップレベルで、大きいものなら5～6粒で成人の一日に必要な量をカバーできるといわれています。また、コラーゲンの生成やシミ、ソバカスの予防など、美肌効果も期待できます。

イチジク
保存方法
乾燥を防ぐため、ビニール袋に入れて冷蔵庫で保存しますが、日持ちはあまりしないので、早めに食べましょう。皮をむいて冷凍すると、長期保存ができます。ジャムやコンポートに加工して保存するのもおすすめです。

含まれている栄養成分
（カリウム、食物繊維）
食物繊維は腸の働きを活発にするので、便秘の改善が期待できます。また、たんぱく質分解酵素であるプロテアーゼ（フィシン）も含んでいます。プロテアーゼが消化作用を促進させるので、お酒を飲んだ後に食べると二日酔いになりにくいといわれています。

オレンジ
保存方法
比較的日持ちするフルーツで、風通しのよい、涼しい場所で保存すれば約1週間ほど持ちます。食べる2～3時間前に冷蔵庫で冷やすと、おいしく食べられます。

含まれている栄養成分
（ビタミンC、カリウム、有機酸）
ビタミンCが豊富に含まれ、免疫力を高める効果があるので風邪の予防が期待できます。シミ、ソバカスの予防やコラーゲン生成にもビタミンCは不可欠とされています。また香り成分（リモネン）を含んでいるので、リラックス効果もあるとされています。

カキ
保存方法
ビニール袋に入れて冷蔵庫で保存しますが、追熟しないので早めに食べましょう。熟しすぎてやわらかくなったら、冷凍保存してシャーベットにするのもおすすめです。

含まれている栄養成分
（ビタミンC、ビタミンA、カリウム、タンニン）
ビタミンCの含有量は、フルーツの中でもトップクラス。風邪予防や美肌効果が期待できます。また、タンニンはアルコールの吸収を抑制するといわれ、アルコールを血中から排出するビタミンCの効能との合わせで、二日酔い防止に効果があるといわれています。

柑橘
保存方法
風通しのよい、日の当たらない場所で常温保存します。文旦や晩白柚などは、果皮と果肉の間の白い部分を砂糖で煮るザボン漬けにして保存するのもおすすめです。

含まれている栄養成分
（ビタミンC、カリウム、β-クリプトキサンチン）
柑橘類のおもな栄養分はビタミンCやカリウムですが、特に温州みかんに含まれるβ-クリプトキサンチンは血液中の活性酸素を軽減する効果があるといわれています。

キウイフルーツ
保存方法
まだ硬いものは、風通しのよい場

所で追熟させます。リンゴと一緒にビニール袋に入れて常温で保存すると、熟すのが早まります。未熟なものをそのまま冷蔵庫で保存すると、追熟しなくなるので注意。

含まれている栄養成分
（ビタミンC、カリウム）
ビタミンCは、美肌効果、風邪の予防に効果的です。また、たんぱく質分解酵素であるアクチニジンを含みます。アクチニジンは肉や魚と一緒に摂取するとたんぱく質を分解するので、消化を助ける効果が期待できます。

キワノ
保存方法
比較的長く保存が可能で、風通しのよい比較的涼しい場所なら、より長く保存できます。

含まれている栄養成分
（カリウム、マグネシウム、食物繊維）
マグネシウムの含有量はフルーツの中でもトップクラスで、筋肉の動きを調整して筋肉痛の痛みを緩和したり、歯や骨の形成を助ける効果があるといわれています。

グレープフルーツ
保存方法
輸入ものは果皮に防腐剤などが気になる場合、水できれいに洗ってから、風通しのよい日の当たらない涼しい場所か、冷蔵庫で保存します。目安で1～2週間ほど日持ちします。

含まれている栄養成分
（ビタミンC、クエン酸、食物繊維）
風邪の予防や美肌効果が期待できるビタミンCが多く含まれ、1/2個で1日に必要な量を摂取することができるといわれています。クエン酸は、疲労回復に効果があるといわれています。

サクランボ
保存方法
冷蔵庫で保存しますが、長時間おくと甘さが薄れ、果肉も固くなってしまうので、早めに食べるのがおすすめです。

含まれている栄養成分
（カリウム、鉄分、リン、ビタミンB群、有機酸）
小さいながらも栄養バランスがよく、特に多く含まれる鉄分は、貧血や冷え性に効果が期待できます。またビタミンB群は、疲労回復などに効果があるとされています。

ザクロ
保存方法
比較的日持ちがよく、常温の風通しのよい場所で保存すれば数週間持ちます。果粒だけ取り出して冷凍しておくと、数ヵ月もの保存が可能です。

含まれている栄養成分
（カリウム、アントシアニン）
アントシアニンには抗酸化作用があり、活性酸素を抑制する働きがあるので、生活習慣病の予防や、免疫力を向上させる効果が期待できます。

スイカ
保存方法
日持ちの目安は、玉のスイカなら4～5日、カットスイカは1～2日。玉のスイカは、風通しのよい日陰で保存します。カットしたものは、ラップフィルムをかけて冷蔵庫で冷やします。15～20℃くらいが、食べるときの適温といわれています。

含まれている栄養成分
（シトルリン、カリウム、β-カロテン）
シトルリンには、むくみ解消や利尿作用といった、デトックス効果があるといわれています。特に果皮に多く含まれているので、炒め物などにするのがおすすめです。また、赤肉スイカの色素に含まれるβ-カロテンは、抗酸化作用により老化の原因になる活性酸素を抑えるといわれています。

スターフルーツ
保存方法
追熟させる場合は、日陰の風通しのよい場所で常温保存します。完熟したものは、冷蔵庫で保存します。見た目がかわいらしいので、シロップ漬けで保存しておくと、ケーキなどの飾りつけに便利です。

含まれている栄養成分
（カリウム、食物繊維）
多くの食物繊維を含んでいるので、腸の働きを活発にする効果が期待されます。また、カロリーは低いほうです。

西洋ナシ
保存方法
樹上で完熟させずに出荷されるため、すぐに食べられないものが多いので注意。果実がまだ硬い場合は常温で保存します。完熟したら、食べる2～3時間前に冷蔵庫で冷やすとおいしく食べられます。

含まれている栄養成分
（カリウム、食物繊維、アスパラギン酸）
和ナシと同様、水分と食物繊維が比較的多いので、便秘予防に効果があるといわれています。また、アスパラギン酸を含んでいるので、疲労回復やスタミナ増強、利尿効果などが期待できます。

チェリモヤ
保存方法
樹上では完熟しないので購入後、未熟なものは常温で追熟させます。果皮が緑色から茶色っぽくなり、弾力が出てきたら食べごろな

ので冷蔵庫へ。冷凍庫で保存するとシャーベットのような食感が楽しめます。

含まれている栄養成分
（葉酸、ナイアシン、ビタミンＢ群、ビタミンＣ、カリウム、食物繊維）
ナイアシンは代謝を促進する作用があり、ストレスからくるイライラ解消などに効果が期待できます。葉酸は貧血や動脈硬化の予防に効果があるといわれています。

ドラゴンフルーツ
保存方法
冷蔵庫で保存します。完熟したものが店頭に並んでいるので、早めに食べるのがおすすめです。

含まれている栄養成分
（カリウム、マグネシウム、葉酸）
カリウムには体内の塩分を調整する働きがあるので、高血圧の予防効果が期待できます。また、葉酸は、妊婦や貧血症の方に必要な成分です。

ナシ（和ナシ）
保存方法
乾燥しないように、ビニール袋に入れて冷蔵庫で保存します。和ナシは追熟しないので、なるべく早く食べましょう。

含まれている栄養成分
（カリウム、食物繊維）
約90％が水分なので、水分補給としても役立ちます。カリウムはナトリウム（食塩）の排出を促進するので、むくみの解消や高血圧予防に効果が期待できます。

パイナップル
保存方法
軸と反対側のおしりの部分に甘みが溜まるので、おしりが上の状態で冷蔵庫で保存すると、甘さが満遍なく行き渡るといわれています。カットしたものを冷凍保存して、フローズンデザートとして楽しむのもおすすめです。

含まれている栄養成分
（ビタミンＢ1、ビタミンＣ、食物繊維）
ビタミンＢ1は疲労回復や夏バテに効果があるといわれています。また、たんぱく質分解酵素であるブロメラインを含みます。ブロメラインはたんぱく質を多く含む肉や魚などを食べた後に、消化を助ける効果が期待できます。ただしブロメラインは加熱すると効果が失われるので注意してください。

パッションフルーツ
保存方法
果皮の表面がツルツルのものは、常温で保存して追熟します。完熟したものは冷蔵庫で保存します。冷凍庫で保存すると、シャーベットとしても楽しめます。

含まれている栄養成分
（ビタミンＡ、葉酸、カリウム、ナイアシン）
ナイアシンは、血管を広げ、血液の流れをよくするといわれています。またビタミンＡは、老化防止や視力の低下を防ぐ効果が期待できます。

バナナ
保存方法
保存は常温で。冷蔵庫に入れると皮がすぐ黒く変色してしまいます。つるしておくと多少日持ちします。

含まれている栄養成分
（カリウム、リン、マグネシウム、食物繊維）
たんぱく質、糖質、脂質が含まれ栄養価が高く、1本で約80kcal。消化がよくスポーツ選手の栄養補給によく使われます。

パパイヤ
保存方法
果皮が緑色で硬い未熟なパパイヤは、風通しのよい場所で常温保存します。完熟したら冷蔵庫へ。未熟のまま冷蔵庫に入れると、追熟しないことがあるので注意しましょう。

含まれている栄養成分
（ビタミンＣ、ビタミンＡ）
ビタミンＣは、肌のシミやくすみなどの原因であるメラニン色素を抑え、免疫力を高める効果があるといわれています。また、たんぱく質分解酵素のパパインが含まれているので、消化不良や胃もたれを改善する効果が期待できます。

ビワ
保存方法
風通しがよい、日の当らない場所なら2〜3日ほど保存できます。冷蔵庫でも保存できますが、冷やしすぎると味が落ちるので注意が必要です。

含まれている栄養成分
（ビタミンＡ、β-カロテン、カリウム）
β-カロテンは体内で必要とされる分だけ、ビタミンＡに変わり、皮膚や粘膜を健康に保ち、免疫力をアップする働きがあるといわれています。また、抗酸化作用によりがんや生活習慣病の予防に効果が期待できます。

ブドウ
保存方法
乾燥を防ぐため、ビニール袋に入れて冷蔵庫で保存します。房から果粒をばらして、冷凍庫に入れておくと、シャーベット感覚でおいしく食べられ、しかも長期間の保存も可能です。

含まれている栄養成分
（カリウム、ブドウ糖）
ブドウ糖は体内でエネルギーに変

わり、疲労回復に効果を発揮するといわれています。皮に多く含まれているポリフェノールは、増えすぎた活性酸素を除去し、細胞の老化を防止する働きがあるといわれています。

プラム（スモモ）
保存方法
完熟したプラムは、冷蔵庫で保存します。ただし、日持ちはあまりしないので、3〜5日以内に食べましょう。完熟していない場合は、常温で保存して追熟させてください。

含まれている栄養成分
（カリウム、葉酸、食物繊維）
食物繊維を多く含んでいるので、便秘改善に役立つ効果があるとされています。葉酸は貧血症や妊娠している女性におすすめです。ナトリウム（食塩）の排泄を促すカリウムが含まれているので、高血圧の予防が期待できます。

ベリー
保存方法
冷蔵庫で保存しますが、日持ちはしないのでなるべく早めに食べましょう。冷凍保存するか、ジャムやソースに加工するのもおすすめです。

含まれている栄養成分
＊ベリーの種類によって異なります
（ビタミンE、ビタミンC、アントシアニン、食物繊維）
アントシアニンは眼精疲労の改善や、視力の回復、維持に効果があるといわれています。また活性酸素を取り除く抗酸化作用があるので、生活習慣病の予防に効果を発揮するといわれています。ビタミンEは細胞膜をダメージから守り、老化防止が期待できます。

マンゴー
保存方法
未熟なものは、風通しのよい場所で追熟。完熟したら冷蔵庫へ。食べる2〜3時間前に冷やしておくとおいしく食べられます。

含まれている栄養成分
（ビタミンA、ビタミンC、葉酸、食物繊維）
眼精疲労の予防に効果があるといわれているビタミンAや、免疫力を高め、風邪の予防や、美肌効果が期待できるビタミンCが含まれています。

マンゴスチン
保存方法
冷凍が中心なので冷凍保存し、食べるときは半解凍がおすすめです。多少シャーベット状態のほうがおいしくいただけます。

含まれている栄養成分
（カリウム、葉酸、食物繊維）
カリウムはナトリウム（食塩）の排泄を促す作用があるので、高血圧の予防が期待できます。また、利尿効果やむくみの改善に効果があるといわれています。

メロン
保存方法
未熟な場合は常温で保存します。完熟したら食べる数時間前に冷蔵庫に入れて冷やしておくと、よりいっそうおいしく食べられます。冷やしすぎると甘みが落ちるので注意しましょう。

含まれている栄養成分
（カリウム、ビタミンC）
カリウムはナトリウム（食塩）の排泄を促す作用があるので、高血圧予防が期待できます。また、利尿作用やむくみ改善にも効果があるといわれています。

モモ
保存方法
風通しのよいところで、常温保存します。冷やしすぎると味が落ちるので、食べる2〜3時間前に冷蔵庫に入れて冷やすとよいでしょう。

含まれている栄養成分
（カリウム、食物繊維、ナイアシン）
食物繊維が多く含まれているので、便秘改善の効果が期待ができます。また、ナイアシンは冷え症などに効果があるといわれています。

リンゴ
保存方法
乾燥を防ぐため、ビニール袋に入れて冷蔵庫で保存します。リンゴはエチレンガスという成分を放出するので、他のフルーツや野菜を一緒に保存すると、追熟を促すので注意しましょう。

含まれている栄養成分
（カリウム、有機酸、食物繊維）
特に皮に多く含まれるペクチンには整腸作用があるので、消化吸収を助け便秘改善の効果が期待できます。また、疲労回復に効果があるといわれている、有機酸が含まれています。

レモン・ライム
保存方法
常温の日の当らない場所なら、数日間は持ちます。皮と果肉とに分け、ビニール袋に入れて冷凍庫で保存すれば、1ヵ月ほど日持ちします。

含まれている栄養成分
（ビタミンC、クエン酸）
レモンはビタミンCの代名詞になっているほど、豊富に含まれています。体内のコラーゲンの生成を助け、肌のシミ、ソバカスの原因となるメラニン色素を減らす、美容効果があるといわれています。クエン酸は疲労回復の効能が期待できます。ライムのビタミンC含有量は、レモンより少し劣ります。

タカノフルーツパーラー新宿本店
1926年（大正15年）開店の老舗フルーツパーラー。

東京都新宿区新宿3-26-11
新宿高野新宿本店5F
TEL：03-5368-5147
https://takano.jp/parlour/

その他の支店
新宿髙島屋店（新宿タカシマヤ　5F）
池袋東武店（東武百貨店池袋店　本館2F　1番地）
京急上大岡店（京急百貨店北ウイング　1F）
JR名古屋髙島屋店（ジェイアール名古屋タカシマヤ　4F）
横浜髙島屋店（横浜タカシマヤ　2F）
川越丸広店（丸広百貨店川越店　別館1F）

森山登美男（もりやま　とみお）
タカノフルーツパーラー新宿本店
フルーツクチュリエ

1957年生まれ、神奈川県出身。
青果商を営む実家の家業に携わった後、
1978年株式会社新宿高野入社。
タカノフルーツパーラー新宿本店の
カウンターチーフとして、パフェをはじめ
数々の商品開発を手がける。
現在、メニュー開発の総責任者。
新宿高野主催の「フルーツスイーツクッキング教室」
などの講師も務めている。

タカノフルーツパーラー / フルーツクチュリエ：
森山登美男　亀山隆之　阿天坊佳慶

新宿高野：
吉沢初子

編集協力：
臼井律子

協力：
果物普及啓発協議会
（財）中央果実生産出荷安定基金協会
日本園芸農業協同組合連合会
株式会社定義

参考資料：
「フルーツ・カットと盛合せのテクニック」（柴田書店）
参考webサイト：
「果物ではじめる健康生活　毎日くだもの200グラム」
「食品成分データベース」（文部科学省）

フルーツパーラー・テクニック
カッティングと盛り付けとデザートと役立つフルーツ図鑑

初版発行　2012年6月15日
6版発行　2024年9月10日

著者Ⓒ　タカノフルーツパーラー
発行者　丸山兼一
発行所　株式会社　柴田書店
　　　　東京都文京区湯島3-26-9　イヤサカビル　〒113-8477
　　　　電話　営業部　03-5816-8282（注文・問合せ）
　　　　　　　書籍編集部　03-5816-8260
　　　　URL　https://www.shibatashoten.co.jp

印刷・製本　TOPPANクロレ株式会社

本書掲載内容の無断掲載・複写（コピー）・引用・データ配信等の行為は固く禁じます。
乱丁・落丁本はお取替えいたします。

ISBN978-4-388-06141-9
Printed in Japan

Fruit Parlour Technics